만약
내일
죽는다면,
당신은
누구와
하루를
보낼
건가요?

KIMI WA DARETO IKIRUKA by Shigehisa Nagamatsu
Copyright © Shigehisa Nagamatsu 2022
All rights reserved.

Original Japanese edition published by FOREST Publishing, Co., Ltd., Tokyo.

Korean Translation Copyright © 2024 by Porche Publishing.
This Korean edition is published by arrangement with FOREST Publishing Co.,
Ltd., Tokyo in care of Tuttle-Mori Agency, Inc., Tokyo,
through ERIC YANG AGENCY, Seoul.

만약
내일
죽는다면,
당신은
누구와
하루를
보낼
건가요?

삶이 고독해서
인간관계를 정리했다

나가마쓰 시게히사 지음
윤지나 옮김

포르체

좁은 인간관계에 초조한 당신에게

'더 다양한 사람들을 만나 인맥을 넓혀야 돼.'
'하고 싶은 일은 있는데 난 인맥이 없어.'
'성공의 가장 빠른 지름길은 역시 발을 넓히는 거야.'
'난 낯을 가리는 게 문제야.'
'인간관계는 어려워.'

세상에는 겉으로 완벽해 보이는 고정관념들이 있다. 또 우리는 이를 아무 의심 없이 믿곤 한다. 물론 이 고정관념이 옳다고 믿어 망설임 없이 행동으로 옮길 수 있다면 그나마 다행이다. 문제는 그대로 행동하지 못해 갈등하게 되는 경우가 적지 않다는 점이다.

이 책은 당신의 그런 갈등을 없애고 불필요한 노력 없이 지금 있는 곳에서 너 쉽게 인생의 문을 힐때 연

수 있도록 하기 위해 썼다. 좀 더 간단하게 말하자면

"세상에 넘쳐나는 인맥 신화로부터 당신을 해방시키기 위해서."

이것이 바로 이 책을 쓴 유일한 목적이다.

요즘 외로운 사람들이 늘고 있다. 인류 역사상 타인과 가장 쉽게 연결될 수 있는 시대를 살면서도 타인과의 관계를 발전시키지 못하거나 관계가 발전하는 것을 불편해하는 사람들이다.

인터넷과 SNS가 발달하면서 만남의 기회는 늘어난 것처럼 보인다. 실제로 이런 툴을 이용해 타인과 만나고 연결되는 사람도 늘고 있다. 그러나 이렇게 만난 관계는 어딘가 공허해 결국 사람들을 더 외롭게 만들 뿐이다.

반대로 지금만큼 편리하지는 않았지만, 인터넷이 발달하기 전인 아날로그 시대에는 상대와 직접 만나 마음을 서로 나누는 리얼 커뮤니케이션 중심이었다. 친구와 전화 통화를 하고 함께 시간을 보내며 이웃과도 알고 지냈다. 분명 번거롭고 그만큼 귀찮은 일도 있었을 것이다. 그래도 거기에는 사람과 사람 사이의 인간미가 느껴지는 소통이 있었다.

이는 이제 먼 옛날이야기가 되었고 모든 것이 간소화됐다. 인간관계만이 아니다. 항간에는 '간편하게'나 '시간 단축'이라는 말이 촘촘히 박힌 책이나 정보가 쏟아지고 있다. 하지만 이런 기술에만 매달리다 오히려 시간을 낭비하는 사람들이 늘어나고 있는 것 또한 사실이다. 시간을 줄이는 데만 집착하다 오히려 먼 길을 돌아가게 되는 것이다.

이제 와 뭘 감추겠는가? 나도 그런 사람 중 하나였다. 나는 한때 마치 표류라도 하듯 내 인생을 바꿔 줄 귀인을 찾아 여기저기 기웃거리던 시절이 있었다. **그러던 어느 날 내 가치관이 단 하루 만에 송두리째 뒤집히는 경험을 했다.** 그날 나눈 대화 속에 담긴 또 하나의 가치관이 당신의 방황을 크게 덜어 줄 수 있으리라 확신한다.

내가 그랬듯 처음에는 여러분도 어쩌면 이 방법이 오히려 시간이 더 걸리는 것처럼 느껴질 수도 있다. 하지만 이 책을 읽다 보면 멀리 돌아가는 것처럼 보이는 방식이 실은 가장 빨리 최고의 인간관계를 만드는 비법이라는 걸 알게 될 것이다.

누구나 살다 보면 평생 믿었던 가치관이 완전히 뒤집히는 사건이나 새로운 가치관을 맞닥뜨리게 될 때가 있다. 나도 지금까지 살아오면서 이런 경험이 몇 번 있었다. 내 가치관을 완전히 뒤집어 놓은 만남 중 하나는 지금으로부터 17년 전, 내 나이 서른 살에 찾아왔다.

지금이야 아무렇지도 않게 그때 만난 새로운 가치관으로 살아가고 있지만, 예전의 나처럼 낡은 고정관념에 사로잡혀 살아가는 사람들이 여전히 많다는 사실에 놀라곤 한다.

내가 갖고 있던 고정관념은 '인간관계'에 관한 것이었다. 당신은 어떠한가? '인맥은 넓으면 넓을수록 좋다'고 맹목적으로 믿고 있지는 않은가? 이런 가치관을 맹신하고 '어디 좋은 만남이 없을까?' '더 많은 사람을 만나러 다녀야 해'라는 생각에 빠져 있지는 않은가?

단언컨대,

인간관계는 좁으면 좁을수록 좋다.

단, 여기에는 조건이 있다. 그냥 좁기만 해서는 안 된다. 만나는 사람과의 관계는 깊을수록 좋다. 물론 인맥이 넓고 깊으면 더할 나위 없겠지만, 아쉽게도 이는 대부분의 사람에게 어려운 일이다.

왜 어려울까? 사람은 누구나 '하루 24시간'이라는, 태어날 때부터 주어진 공통의 룰 속에서 살아가고 있다. 예를 들어 당신이 많은 사람을 만나고 그 사람들에게 공평하게 시간을 할애하고 있다면 한 사람과 마주하는 시간은 줄어들 수밖에 없다. 사람은 만난 횟수만큼, 그리고 그 밀도와 시간에 비례해 상대방에 대해 애착을 느끼게 돼 있다.

다시 말해 상대와의 관계가 얼마나 깊어지느냐는, 그 사람과 함께 의미 있고 양질의 시간을 얼마나 보내느냐에 달려 있다는 이야기다. 만약 상대가 당신과의 관계가 깊어졌다는 확신을 갖기도 전에 당신이 자리를 떠나 다른 사람에게 가 버린다면 당연히 당신에 대한 애착은 옅어질 수밖에 없다. 이렇게 해서는 관계가 깊어질 수 없다.

인맥을 아무리 늘려도 그 사람들은 막상 당신이 필요로 할 때 달려와 주지 않는다는 것이다.

이 사실을 깨닫게 되는 순간이 오면 당신이 의지해

온 '인맥'이라는 말은 그저 희망 고문에 불과했다는 사실에 당혹스러울 것이다. 당신이 이런 일을 겪지 않고 진정한 의미의 '인간관계'를 만들어 가기를 바란다.

이제부터 내 경험을 통해 함께 새로운 가치관을 만나 보자.

이 책의 무대는 지금으로부터 17년 전이다. 나는 평소와 다름없이 도쿄東京에 사는 인생의 스승을 만나러 갔다. 그날 강의의 주제는 인간관계에 관한 것이었다.

목차

1장
만남을 무리하게 넓히는 사람,
만남이 저절로 늘어나는 사람

2장

당신이 소중히 해야 할
사람은 누구인가

3장
당신은 누구와 일할 것인가

4장
좋은 사람은 좋은 사람을 끌어당긴다

마지막 장
인생의 가치를 높이는 법

일러두기
1 옮긴이주는 각주로 처리하였으며, 별도 표기했습니다.
2 본문 마지막에 나오는 QR 코드는 일본어 원서로만 제공됩니다.

지금 당신의 인간관계는 몸을 망치고 있다

지금으로부터 17년 전인 2005년 가을, 내 나이 서른 살의 어느 아침이었다. 나는 도쿄 번화가의 상점가를 빠져나온 길 끝으로 이어진 샛길에 붙은 작은 사무실에 있었다. 테이블을 사이에 두고 내 맞은편에는 사무실 주인이 앉아 있었다. 그가 바로 내 인생을 믿기지 않을 만큼 멋진 방향으로 이끌어 주게 될 대사업가였다. 그가 무심히 던진 말 한마디로 내 가치관의 대전환이 시작됐다.

"처음 만났을 때 자네는 사람을 만나는 걸 무척 좋아한다고 했지? 행동력과 발이 빠른 것만큼은 자신 있다고도 했고. 요즘도 여전히 다양한 사람들을 만나러 다니나?"

나는 자신 있게 답했다.

"네, 열심히 다니고 있습니다. '인생은 누구를 만나느냐에 따라 달라진다'고 배웠거든요."

"그렇군……."

'어? 왜 반응이 뜨뜻미지근하지? 내 대답이 잘못됐나?' 순간 불안한 마음이 스쳤다.

보통은 "그건 매우 잘하는 걸세. 인생은 누구를 만나느냐에 따라 크게 달라지지. 그러니 다양한 사람들을 만나 이야기를 듣고 견문을 넓히는 게 좋다네."라는 답변이 돌아오는데 말이다.

사람은 누구나 속으로 어떤 반응이 나올지 예상하면서 이야기를 한다. 그런데 그 반응이 애매모호하다면 대화의 예정조화*가 깨져 리듬을 잃게 된다. 그때 나는 아마 완전히 이런 상태에 빠져 있던 것 같다.

"저……, 제 대답이 잘못됐나요?"

---

* 독일의 철학자 G.W.F.라이프니츠의 중심사상인 형이상학적 개념으로 '미리 정해진 조화'라는 사상_옮긴이주

머뭇거리며 물었다.

"아니네. 그래서 자네가 즐겁다면야 그걸로 된 거 아니겠나? 하지만 말일세……,"

그때 나는 뒤에 어떤 말이 나올지 전혀 상상조차 할 수 없었다. 생각이 복잡해진 내게 그는 다음과 같이 말을 이어 갔다.

"돈과 시간이 아까워서 그렇지."

주인의 입에서 나온 대답은 예정'부'조화 수준이 아니었다. 예상했던 답과 돌아온 답이 너무 달라 머릿속이 하얘졌다. 눈앞에 있는 사람이 무슨 말을 하는지 전혀 알 수 없었다.

"그, 그렇지 않습니다. 돈도 시간도 저에게는 만남에 대한 투자입니다."
"뭘 위해서?"
"미래를 위해서입니다. 인맥을 늘리기 위해서죠."

마치 보이지 않는 주먹으로 카운터펀치를 두들겨 맞고 비틀거리는 복서처럼 나는 녹다운되기 일보 직전이었다.

"제가 잘못하고 있는 건가요?"

나는 반사적으로 클린치했다. 복서가 지치거나 쓰러질 것 같을 때 상대 선수를 끌어안는 그 클린치 말이다.

"아니, 일반적인 관점에서 보면 잘못하는 건 아니지. 아직 젊은데 그렇게 사람들을 만나서라도 성공하고 싶어 하는 마음은 높이 평가하네. 그런데 말야, 그 만남에 너무 집착한 나머지 지금 해야 할 일을 소홀히 하다 결국 정말 소중한 사람을 놓치고 몸도 망치지 않을까 걱정이라네."

완전히 전의를 상실하고 녹다운된 나는 얌전히 링의 코너 스툴에 앉아 주인의 말에 귀를 기울이기로 했다.

"한 번 더 묻겠네. 자네는 왜 그렇게 많은 사람들과 만나고 싶은가?"

"그야 뭐, 좋은 기회가 있을까 해서죠."

"돌려 말하지 않겠네. 그렇다는 건 자네한테 이득이 되기 때문에 그 사람들을 만나러 다닌다는 거지?"

"네? 아, 아니 그게……."

내 마음속 깊이 숨겨 놨던 속마음을 들킨 것 같아 나는 말문이 막혔다.

"물론 누구에게나 그런 생각은 있지. '이 사람을 만나면 뭔가 좋은 일이 있을지도 모른다'는 생각 말일세. 그런데 입장을 바꿔서 사람들이 나가마쓰 자네에게 뭔가를 얻어 내겠다는 속셈을 가지고 몰려든다면 자네는 기쁘겠나?"

"……아뇨, 그건 조금 서글프네요."

"그렇지? 물론 사람은 누구나 상대가 자신에게 조금이라도 도움이 되길 바라는 마음이 있네. 그게 나쁜 건 아니지. 그렇다면 자네가 만나고 싶은 사람들도 마찬가지 아니겠나? **그럼 자네는 상대에게 어떤 점에서 도움이 될 거라 생각하나?**"

솔직히 그런 생각은 한 번도 해 본 적이 없었다. 만나러 갈 때 작은 선물 정도는 들고 가지만, 사실 내가 만나고 싶은 사람들 대부분은 이런 선물을 받는 데 익숙할 것이다. 개중에는 뜯지도 않은 선물을 그대로 쌓아 둔 사람도 있을 정도였다.

"자네, 올해 몇이라고 했지?"
"서른 살입니다."
"장사를 시작한 지는 얼마나 됐나?"
"4년 됐습니다."
"그렇군, 아직 초창기라고 해도 되겠구먼. 그럼 아직 돈은 충분하지는 않겠군."
"네, 솔직히 여유는 없습니다."

마음 같아선 "아닙니다. 저, 돈 잘 법니다."라고 말하고 싶었지만, 솔직히 당시 사업은 겨우겨우 돌아가는 상황이었다. 그래서 더더욱 '사회적으로 힘 있는 사람들을 만나면 도움을 받을 수 있지 않을까?'라고 생각했던 것이다.

이런 속마음을 주인에게 감춰 봐야 소용없을 것 같아 솔직하게 대답했다. 이 이후로 주고받은 대화와 주인에게 받은 질문들이 내 인생을 완전히 바꿔 놓았다.

"나는 아무리 생각해도 지금 자네가 쓰고 있는 방법이 먼 길을 돌아가고 있다는 생각이 든다네. 물론 자네 말처럼 어떤 사람을 만나 어떤 사람과 걸어가느냐에 따라 인생은 크게 바뀌지. 그 상대에 따라 도착하는 곳이 하와이가 될 수도 있고 남극이 될 수도 있을 걸세. 때에 따라선 교도소가 되는 경우도 있겠지. 아니면 아무도 가본 적 없는 파라다이스에 다다르게 될 수도 있어. 그만큼 함께 걸어가는 사람이 중요한 존재는 맞다네."

그때까지 굳게 믿어 왔던 가치관의 허점을 찔려 정신을 못 차리고 있는 내게 주인은 이렇게 물었다.

"앞으로 남은 인생, 자네는 누구와 살아갈 것인가?"

1장

만남을
무리하게 넓히는 사람,
만남이
저절로 늘어나는 사람

기회는 과연 밖에 있을까?＿＿＿。

"인맥은 넓으면 넓을수록 좋다."

스물여섯 살에 장사를 시작할 때 나는 일말의 의심
도 없이 이 말을 굳게 믿고 있었다. 그래서 누가 이벤
트나 파티, 교류 모임 등에 가자고 하면 무조건 따라
나섰다. '대단한 사람이 있다'는 말을 들으면, 직원들
과 열심히 일해서 번 쥐꼬리만 한 돈을 쥐어 짜내 일
본 전역 어디든 달려갔다. 프롤로그에서 언급했던, 내
게 질문을 던진 대사업가(이하 스승)의 말대로 솔직히
당시 내 마음속 저 밑바닥에는 '누군가 만나면 내 인
생이 활짝 펼쳐질 기회를 잡을 수 있을 것'이라는 흑

심으로 가득했다.

다시 말해, 안중에 **'내가 상대에게 무엇을 줄 수 있을까?'가 아니라 '내가 만난 상대에게서 무엇을 뽑아낼 수 있을까?'**밖에는 없었던 것이다. 당시 나는 상대가 나를 만나 좋은 점이 무엇일지에 대해 생각조차 하지 못했다.

감사하게도 이 새로운 가치관을 만난 날로부터 17년이 지나 2022년이 된 지금, 그리 많지는 않지만 내 곁에는 진정한 의미에서 서로 노력하고 도와줄 수 있는 소중한 사람들이 있다.

이 글을 쓰면서 '그러고 보니 이 사람들과는 어디서 만났더라?' 하는 생각이 들어 돌이켜 봤다. 일하는 현장이나 가게를 찾아 준 고객으로 만난 경우가 가장 많았다. 적어도 내가 일부러 찾아가서 시작된 인연은 거의 없다. 결국 쓸데없이 밖으로 나돌아다녔을 때보다 내 일에 몰두했을 때 결과적으로 좋은 인연이 많이 생겼다는 것이다.

'밖으로, 밖으로. 기회는 밖에 있다'고 굳게 믿던 시절, 나는 연줄을 이용해 스승에게 만나 줄 것을 간곡히 부탁했고, 스승이 마지못해 우리 가게를 찾으면서 이 인간관계에 관한 강의가 시작됐다. 황송하게도 1

대 1로 말이다.

이제 다시 프롤로그의 첫 부분으로 돌아가 보자.

"자네는 그렇게 다양한 사람들을 만나서 대체 뭘 하고 싶은 겐가?"

"네? 뭐… 이것저것 배우기도 하고 기회도 더 생기지 않을까 싶어서요."

"그건 물론 훌륭한 자세일세. 하지만 자네가 만나고 싶어 하는 성공한 사람들은 자네가 '그저 사람 만나는 걸 좋아하는 것'인지, '정말로 일에 미쳐 있는 사람'인지 금세 알아볼 걸세."

성공한 수많은 사람들을 찾아다니는 데만 정신이 팔려 있던 당시의 나는 누가 봐도 전자에 속하는 부류였다.

"생각해 보게. 다른 사람에게서 기회를 잡으려고 혈안이 돼 있는 젊은이보다 자신의 자리에서 최선을 다해 다른 사람들을 즐겁게 하는 젊은이가 훨씬 매력적이지 않겠나? 요컨대 자네가 누군가를 만나러 갈 게 아니라, 그들이 시간을 내어 만나러 와 주는 삶이 훨씬 멋지지 않겠느냐는 말일세."

　이야기를 들으면 들을수록 나는 점점 스스로가 부끄러워졌다. 마치 내가 만화나 드라마에서 떡고물이라도 떨어지길 바라고 누군가에게 아첨을 떠는 조연처럼 느껴졌기 때문이다.

‘인연’은 가까이 있다＿＿＿。

“조금 충격이 컸나? 자네 표정이 안 좋군.”

기본적으로 나는 나를 밝은 사람이라고 생각한다. 그런 만큼 주변 사람에게 표정에 희로애락이 잘 드러난다는 말을 자주 듣곤 한다.

“괜찮습니다. 열심히 듣고 있습니다. 계속하시죠.”

나는 정신을 차리고 자세를 바로 했다.

“자네만 그런 건 아닐세. 많은 사람이 자꾸 ‘밖’에서

만 인맥을 만들려 하지. 밖에 기회가 있는 것처럼 보일 수는 있네. 실제로도 밖으로 나가면 좋은 인연이 기다리고 있을지도 모르지. 하지만 거기에는 전제 조건이 있다네. 그게 뭔지 알고 있나?"

"아니요, 전혀 모르겠습니다."

"자네의 소중한 사람들이 만족하고, 자네가 밖으로 나가는 것을 따뜻한 눈으로 응원하고 있는 상태인지가 필수 조건이라네. 그게 아니라 혹시 무리해서 밖으로 돌아다니는 거라면 자네에게는 아직 해야 할 일이 따로 있다는 걸세"

"해야 할 일이요?"

"아직 감이 잡히지 않는 모양이군. 그럼 이렇게 한번 생각해 보게. 실은 이미 손안에 최고의 인맥을 갖고 있는데, 그걸 자네만 모르고 밖으로 다니고 있지는 않은지 말일세. 예를 들면 지갑을 가방에 넣어 두고 그 지갑을 찾아 헤매는 사람처럼 말이야."

자주 있는 일이다. 난 매번 지갑을 찾는다. 지갑 말고 또 있다. 예를 들어 열쇠를 주머니에 넣고 그 열쇠를 찾아 헤매거나 안경을 머리 위에 걸쳐 놓고 안경을 찾곤 한다. 이럴 때마다 "거기 있잖아."라고 알려

주는 사람은 언제나 주변 사람들이었다.

"자네에게 최고의 인맥은 무엇이라 생각하나?"

'최고의 인맥이라……' 이것에 대해서는 사실 깊게 생각해 본 적이 별로 없었다.

"그럼 이건 좀 나중에 생각해 보기로 하지. 사실 난 '인맥'이란 단어를 별로 좋아하지 않네. 그 말에는 일에서든 인생에서든 자신에게 유리할 거라는 흑심이 느껴진단 말이지."
"그럼 뭐라고 표현하면 좋을까요?"
"난 '인맥'이 아니라 '인연'이라는 말을 쓰는데 어떤가?"

듣고 보니 '인맥'이라는 말에 가지고 있던 이미지가 갑자기 타산적으로 느껴졌다. 아니 어쩌면 처음부터 느꼈을 불편함이 스승의 말을 듣고 분명해진 것일지도 모르겠다.

만남의 가치가 가벼워졌다____。

세월이 흘러 세상은 크게 바뀌었다. 그중에서도 특히 사람과 사람의 인연은 인터넷상에서 만날 수 있는 툴이 생겨나면서 많이 바뀌었다. SNS의 등장이 그 변화를 일으킨 가장 큰 원인 중 하나일 것이다. 그러나 이러한 변화에는 맹점도 있다.

만남이 너무 우리 가까이 들어오다 보니 만남의 가치가 가벼워졌다는 것이다. 그리고 또 한 가지는 그 가벼움 때문에 진짜 인연과 가상의 인연을 혼동하는 사람들이 늘었다는 점이다.

자신의 좋은 점만 보여 주려 무리하는 사람들, SNS 게시물의 '좋아요' 수로 자신의 존재 가치를 확인하려는 사람들, 가상의 인연을 진짜 인간관계로 착각하는 사람들…….

물론 그건 그것대로 즐거움이 있을 수 있다. 하지만 인생을 살다 보면 예상치 못한 일이나 위기가 닥쳐올 때가 있다. 그때 내 곁에 있어 줄 사람은 누구인지 미리 생각해 두는 것은 현실적인 문제이자 큰 숙제다. 많은 사람들이 '인연 같은 느낌'과 '진짜 인연'을 혼동하고 있는 것은 아닐까?

상처받는 것을 두려워하지 마라＿＿＿。

'진짜' 인연보다 인연 같은 '느낌'을 원하는 사람이 많아졌다고 생각하게 된 것은, "이런 현상의 배경 중 하나로 '상처받고 싶지 않은 심리'가 작용하고 있다는 점을 들 수 있다."고 누군가에게 들은 것이 하나의 계기가 됐다.

예를 들어 현대인 중에는 마음에 두고 있는 상대에게 고백할 때조차도 라인LINE 같은 툴을 이용하는 사람들이 많다고 느낀다.

이렇게 말하면 나를 꼰대라 생각할지 모르겠지만, '라떼는' 툴이라고 해 봐야 기껏해야 전화 정도였지 다른 선택지는 없었다. 그조차도 대부분은 집 전화였다. 그런데 집 전화는 상대의 부모님이 받을 가능성도 있고, 또 옆에 누가 있으면 마음을 제대로 전하기 어렵다. 그래서 나는 어떻게든 용기를 내서 상대를 불러내 직접 만나서 고백하고는 했다.

어떻게 고백할지는 시대나 사람에 따라 다를 수 있으니 접어 두기로 하자. 내가 주목하는 것은 그 방법이나 수단이 아니라 그 밑바탕에 깔려 있는 심리다.

'상처받을 것'을 필요 이상으로 두려워해 여차하면 바로 발을 뺄 수 있는 쉬운 방법을 선택하고 있는 것은 아닌가 묻고 싶다. 만일 그렇다면 단도직입적으로 말해 이는 상대와 마주하는 것으로부터 도망치고 있는 것이라 할 수 있다.

'다른 사람과의 관계가 깊어지면 이래저래 귀찮은 일이 생길 거야. 그러니 깊이 들어가지 말고 적당히 사귀어야 돼.'

'일하다 혼나면 상처받으니까 새로운 도전은 가능한 한 하지 말자. 시키는 일을 하고 리스크가 적은 일만 하면 돼.'

눈앞에 있는 사람이 이런 마음가짐으로 당신과 마

주하고 있다면 어떻겠는가?

"아무튼 귀찮은 일은 되도록 피하고 싶어."

이렇게 말하고 싶어지는 기분도 이해한다. 상대에게 거절을 당하고 상처받지 않는 사람은 없을 테고, 일 때문에 상사에게 야단맞으면 누구라도 속이 상할 것이다.

그러나 다른 관점에서 보면 상처받는 것이 꼭 나쁜 것만은 아니다. 때로 상처는 자신이 성장하는 데 큰 보탬이 된다. 행동력이 생기고, 마음이 단단해진다. 그 상처를 딛고 일어나면 다음에 비슷한 일이 생기더라도 극복할 수 있는 면역력이 생긴다.

이는 고백할 때나 일할 때만이 아니라 우리를 둘러싼 모든 인간관계에서도 마찬가지다. 사람과 진지하게 마주하면 지금까지 맺어 온 관계 이상으로 단단한 관계, 다시 말해 '진정한 인연'이 생기는 경우가 종종 있다.

책과의 만남을 가져라____。

지금까지 경험해 본 적 없는 가치관을 목도하면서 사람과의 인연에 대해 이런저런 생각에 잠겨 있는 내게 스승은 계속 말을 이어 갔다.

"이건 어디까지나 내 생각이니 이게 꼭 정답이라고는 생각지 말게. '이런 사고방식도 있구나' 정도로만 생각하고 들어주게."
"네, 알겠습니다."

말은 그렇게 했지만 내 마음은 이미 스승의 사고방식으로 기울고 있었다.

"좀 전에도 말했지만 나는 사람과 만나는 일에 그다지 가치를 두지 않네. 누군가 만나고 싶을 때는 책을 읽으면 되거든."

"책도 만남 중 하나라는 말씀이신가요?"

"그렇고말고. 책만 한 것이 어디 흔한가? 책과의 만남이 사람과의 만남 이상으로 인생에 큰 기쁨을 주는 일은 종종 있다네. 나는 아무리 미디어가 진화해도 책은 세계 최고의 툴이라고 생각하네. 책은 저자가 전하고자 하는 엑기스의 집합체라고 할 수 있거든. 생각해보게. 저자는 그 책에 모든 것을 쏟아붓지 않는가?"

저자로 활동하고 있는 지금의 나는 이 말에 전적으로 공감한다. 지금 여러분이 읽고 있는 《만약 내일 죽는다면, 당신은 누구와 하루를 보낼 건가요?》도 그렇지만, 한 권의 책을 완성하기까지 상당한 노력과 에너지가 들어간다.

대부분의 저자는 자신이 가진 모든 것을 쏟아부어 책을 쓴다 해도 과언이 아닐 것이다. 다른 걸 다 떠나서 그 정도의 각오가 아니라면 책은 세상에 나올 수 없다.

"당연한 이야기지만 책은 이를 읽는 사람들에게 도움이 되는 내용이 담겨 있지 않나? 그래서 책을 읽으면 대부분은 저자에 대해 '이 사람 대단하다'고 생각하게 되는 걸세.

그런데 저자도 사람이니 당연히 인생에 기복은 있지 않겠나? 책에서처럼 1년 365일 멋있게만 살 수 없고, 언제나 자신이 책에 쓴 대로 살진 못할 걸세. 그래서 실제로 만나 보면 책에 쓴 내용을 뛰어넘는 저자는 거의 없다고 생각하는 것이 현명하다네."

듣고 보니 실제로 만난 사람들은 놀라울 만큼 모두 평범했다. 물론 예외도 있었다. '이 사람은 책보다 훨씬 대단하다'고 생각한 사람은 스승을 비롯해 극히 일부이기는 해도 분명 있었다. 하지만 대부분 책을 뛰어넘는 사람은 그리 많지 않았다.

스승과 이런 대화를 나누는 동안 깨달은 것이 또 한 가지 있다.

만나고 싶었던 사람의 책을 읽고 만나러 가든, 반대로 만난 다음에 그 사람의 책을 읽든 저자에게 직접 들을 수 있는 이야기는 그 책의 '머리말' 정도의 분량밖에 되지 않는다는 사실이었다.

당연하다. 책의 내용을 저자가 모두 말로 전하려면 못해도 10시간은 걸릴 것이다. 그 책에 대해 집중적으로 다루는 저자와의 만남이 아닌 이상 기대하기 어렵고, 무엇보다 상대는 책 내용에 대해 친절하게 일일이 다 설명해 줄 정도로 한가하지 않다.

　스승의 말대로 그 사람의 엑기스를 배우는 것이 진짜 목적이라면 이야기를 들으러 가는 것보다 책을 꼼꼼히 읽는 게 가장 깊은 깨달음을 얻을 수 있다. 이를 깨닫고 과거의 나를 되돌아보니 배움을 위해 만나러 다녔다기보다 '만나고 싶다, 뭔가 얻어내고 싶다, 재수가 좋아 도움을 받을 수 있으면 좋겠다'는 검은 속셈이 그득했다.

인생을 뒤바꿀 책을 만나라＿＿＿。

이날뿐 아니라 스승은 기회가 있을 때마다 책의 훌륭한 점과 그 중요성에 대해 강조했다. 나중에 내가 출판의 길로 들어선 것은 이 가르침의 영향이 크다. 실제로 스승은 어떤 의뢰가 들어와도 강연은 하지 않았지만 본인의 책 출판에는 온 열정을 쏟아부었다.

스승은 그 이유에 대해 이렇게 말하곤 했다.

"책이 훨씬 많은 것을 전할 수 있고, 사는 사람 입장에서도 경제적이기 때문이라네."

"책 많이 읽게. 앞으로 다가올 초정보화 시대에 책

을 읽지 않으면 살아남을 수 없을 걸세.”

“1년에 몇 권 정도 읽으면 될까요?”

“많이 읽지 않아도 되네. 몇 권을 읽느냐보다 좋은 책을 만나면 몇 번이고 철저히 읽고 바로 실천에 옮기는 것이 중요하네. 그렇게 하는 것이 그 어떤 세미나에 참석하는 것보다 효과적으로 결과를 내는 지름길일세.”

“네, 제가 좋아하는 책이 있는데 그것부터 여러 번 읽어 보겠습니다.”

“게다가 책은 얼마나 가성비가 좋은가? 1,500엔(약 14,000원) 하는 책을 10번 읽으면 한 번 읽는 가격은 150엔이 되지 않나? 100번 읽으면 얼마인가?”

“15엔이요.”

“그렇게 생각하면 얼마나 싼가? 게다가 읽으면 읽을수록 비용에 반비례해서 실력은 쌓이지. 나도 자네에게 가르쳐 줄 수 있는 것은 얼마든지 가르쳐 줄 걸세. 하지만 잘 생각해 보면 책을 읽고 실제로 해 보는 것이 결과적으로는 얻는 것이 더 많을지도 몰라. 자네처럼 아직 젊고 바쁠 때는 더하지.”

이 말을 듣지 못했다면 나는 얼마나 많은 돈을 허비했을까? 그 금액을 지금 어림잡는 것은 불가능하지만, 여러분이 이 말을 듣고 앞으로 쓸데없는 낭비를 줄인다면 이보다 기쁜 일은 없을 것이다.

"다시 강조하지만 '어떤 사람과 살아갈 것인가?'는 결국 '어떤 책과 살아갈 것인가?'라는 문제로도 이어진다네. 사람과의 만남도 좋지만 책과의 만남도 자네의 인생을 크게 바꿔 줄 걸세."

이때의 나는 설마 내가 책을 쓰게 되리라고는 꿈에도 생각지 못했다.

옆집 잔디는 한없이 푸르다＿＿。

"그럼 세미나나 강연 같은 데는 너무 많이 가지 않는 게 좋을까요?"

"그렇지는 않네. 꼭 참가하는 게 좋은 경우도 적지 않지. 단, 지금의 자네에게 아직 그런 곳에서 돈을 쓰기에는 시기상조라는 걸세."

"아, 그런 말씀이셨군요."

"그렇다네. 사람은 잘 바뀌지 않아. 바뀔 수 없다고 하는 게 맞을지도 모르겠군. 그래서 더 '저 사람 대단하다, 저 사람처럼 되고 싶다, 저 사람 이야기를 더 듣고 싶다'라고 생각하게 되는 걸세. 그런데 대단한 사람의 성공담이나 고생담은 들을 때는 뭔가 도움이 될 것 같아도 그걸 소화할 수 있을지는 의문이 많이 든다네."

"제가 특히 그런 것 같습니다. 이야기를 듣고 2, 3일은 감동이 남아 저도 달라진 것 같은 느낌이 드는데 조금 더 시간이 지나면 까맣게 잊어버립니다."

"원래 그런 걸세. 생각해 보게. 사람은 다 가는 길이 다르지 않은가? 다른 사람의 이야기는 특별한 케이스지. 이야기를 듣는 것과 그게 정말로 도움이 되는지는 별개의 문제라네."

솔직히 당시의 나는 애써 찾아가 들은 이야기들을 전혀 소화하지 못하고 있었다.

"잘 생각해 보게. 그 사람과 자네는 처한 환경이 다르지 않나? 그런 타인의 이야기를 듣고 부러워하지 말고 자네에겐 자네의 길이 있으니 그 길을 가게. 그럼 언젠가 반드시 정상에 서게 될 걸세."

스스로를 낮추지 말고 당당해져라＿＿。

"무슨 말씀이신지는 알겠습니다. 그런데 일단 대단한 사람을 만나면 기쁘지 않습니까? 그건 왜 그런 걸까요?"

스승의 말을 이해는 하면서도 한편으로 스멀스멀 올라오는 솔직한 심정에 대해 물었다.

"그건 자신을 저평가하고 있기 때문일세. 유명한 사람이나 직함에 약한 사람 중에는 "나, 대기업의 사장하고 회장을 만났어."라는 식으로 자랑하는 사람이 있지 않나?"

"네, 있죠."

"그런 사람들이 진지하게 "기껏해야 영세한 공장 하나 운영하는 나 같은 사람을 그런 대기업의 높은 분이 만나 줬다."라는 식으로 말하는 걸 들어봤을 걸세. 그냥 겸손하게 말하려고 그런 거면 그나마 괜찮은데, 혹시라도 진심으로 '기껏해야'라고 말한 거라면 그건 자신이 그 사장보다 밑에 있다고 생각하고 있기 때문이지 않나?"

"보통은 그렇게 생각하지 않나요?"

"그게 안타깝다는 걸세. 어째서 "저도 규모는 작지만 멋진 공장을 운영하고 있습니다."라고 말하지 않는 건지 모르겠네. 지역의 영세한 공장들도 고객과 직원들을 행복하게 해 주고 있고 그게 또 이 나라의 행복에도 기여하면서 얼마나 열심히 살아가고 있나?"

그렇다. 오래되긴 했지만 요시자와 야스미의 만화 《명랑 개구리 뽕키치》*처럼 각자 열심히 살아가고 있다. 만화에서처럼 주머니 안이 아닌 사회 속에서.

---

* 원제는 《도콘조 가에루(ど根性カエル)》로 요시자와 야스미가 만화 잡지 〈소년 점프〉에 1970년부터 1976년까지 연재했던 만화. 한국에서는 〈명랑 개구리 뽕키치〉라는 제목의 애니메이션으로 방영된 바 있다_옮긴이주

"그렇게 생각하면 누구와도 당당하게 마주할 수 있다네. 유명인이나 직함 앞에서 기죽지 말게. 이래서 자신이 하는 일에 자부심을 가지는 것이 중요하네. '상대도 대단하지만 나도 대단해. 다 같은 사람이잖아'라고 생각하며 살게. 꿋꿋이 자신의 길을 걸어가는 사람만이 그런 기개를 가질 수 있다네."

"네, 그런 마음가짐으로 살아가겠습니다."

"젊으니 더 당당해지게. 굽신거리지 말게. 위로 올라가 당당하게 대등한 위치에서 상대를 대하게."

"네."

"내가 거창하게 말한 것 같지만, 솔직히 나는 내 소중한 제자인 자네가 비굴해 보이는 삶을 살지 않길 바라네. 내 사적인 감정도 상당히 들어간 의견이지만 부모의 마음이라 생각하고 들어주게."

내 기분을 가볍게 해 주기 위해 이런 말도 잊지 않는 스승의 따뜻함에 나는 점점 더 빠져들었다.

선입견이 시선을 망친다＿＿＿。

"그런데 실상은 그렇게 필요 이상으로 자신을 낮추는 사람이 많지."

잠깐 쉬었다가 차를 한잔하고 나서 스승은 차분히 이야기를 이어 갔다.

"그래도 자네는 더 자신감을 갖고 살아갔으면 하네. 많은 사람들이 이 마술에 걸려 뒷걸음질 치는 걸 볼 때마다 정말 슬프다네."
"이게 마술입니까?"
"그렇다네. 더 노골적으로 말하면 가스라이팅이라고

해도 좋을 마술이지. 대부분의 사람들은 눈치채지 못하고 있지만 말일세.”

스승은 한숨 돌린 다음 이야기를 이었다.

“자네는 처음에 나를 만났을 때 느낌이 어땠나?”
“저는 솔직히 뒷걸음질 쳤던 것 같습니다. 일본의 납세왕이자 일본 굴지의 비즈니스 분야 베스트셀러 작가로 너무나 유명하신 분이니까요.”
“그런가? 그렇게 생각했군. 아무래도 사람들은 처음 만나는 상대에게 그런 수식어가 붙으면 자신을 아래로 보는 경향이 있지.”
“그게 나쁜 건가요?”
“아니, 그런 건 아닐세. 그렇게 생각하는 것도 이해는 되네. 그런데 타인에 대해서 그렇게 생각하는 버릇이 지나치면 결국 자네가 손해라네.”

무슨 뜻인지 잘 이해되지 않았다.

“이건 중요한 것이니 상상을 하면서 들어 보게.”
“네, 알겠습니다.”

"혹시 자네가 아는 사람 중에서 최근에 유명해진 사람이 있나?"

많지는 않지만 떠오르는 사람이 있었다. 당시는 전국구에 있는, 내가 아는 경영인들이 특집 방송에 나가는 일이 늘었을 무렵이었다.

"사람은 어느 타이밍에 아는 사이가 되느냐에 따라 상대를 보는 눈이 달라지네. 지인이 TV에 나오는 것과 TV에 나오는 사람이 지인이 되는 것은 느낌이 다르다는 걸세."

"어떻게 다른가요?"

"쉽게 말해 선입견이 생기느냐 아니냐의 차이일세."

"선입견이요?"

"그렇다네. TV에 나오거나 책을 쓴 사람이라고 하면 보통은 '대단한 사람'이라고 생각하지 않나? 사람은 그런 선입견에 지배당하기 쉽다네."

"그렇군요. 무슨 말씀이신지 알겠습니다."

"예를 들어 자네도 TV에서 본 사람이나 과거에 읽었던 책의 저자가 갑자기 눈앞에 나타나면 놀라지 않겠나?"

"그야 그렇죠."

"반대로 지인 중에서 유명해진 사람은 오랜만에 만나도 놀라지는 않지."

"네. 그야 원래 알던 사이니까요."

"바로 그것일세. 자네가 아는 사람이 유명해지면 그건 지인이 유명해진 것이지 유명한 아무개 씨가 아니란 말일세."

이야기를 듣고 보니 맞는 말이었다. 그전까지는 전혀 생각지도 못한 접근방식이었다.

세상에 특별한 사람은 없다＿＿。

"조금 더 깊이 들어가 볼까? 세상에는 다양한 상품들이 넘쳐나고 있네. 연예인도 말하자면 사람을 상품화한 비즈니스지. 그 주변에 있는 사람들은 상품이 얼마나 멋있는지 홍보를 하고 이미지를 만들어 간다네. 쉽게 말해 브랜딩하는 거지."

"듣고 보니 그렇네요."

"그런데 그건 단지 그 사람의 겉모습을 포장하는 것에 불과하네. 연예인이든 유명인이든 대기업 사장이든 다 같은 사람 아닌가? 그저 그 사람들이 하는 일이 워낙 대단하다 보니 사람들은 '저 사람은 딴 세상 사람 같다'고 생각하게 되는 거지. 이게 바로 선입견이라는 마술에 걸리는 걸세."

　세상을 둘러보면 많은 사람이 이 선입견에 휘둘리
고 있다는 것을 알 수 있다. 이런 걸 마술로 표현할
거라고는 생각지 못했기 때문에 매우 신선하게 다가
왔다.

　"아무리 대단한 사람도 집에서는 보통의 아빠고 딸
이라네. 집안을 어지럽혀 부인한테 혼날 때도 있을 거
고, 지각한다고 부모님한테 야단맞고 있을지도 모르
지. 가족들은 바깥세상과는 달리 마술이 걸리지 않기
때문이라네."
　"그래도 그런 사람들은 왠지 일상생활도 대단할 것
같다는 생각이 듭니다."
　"자네 주변에 있는 유명한 사람들은 어떤가?"
　"그 사람들은 의외로 평범합니다."
　"원래 그런 걸세. 내가 하고 싶은 말은 '**아무리 대단
해 보이는 사람도 실은 우리와 똑같은 사람**'이라는 사
**실을 꼭 기억하라는 거야. 그럼 필요 이상으로 기가 죽
거나 자신을 낮추는 일은 없을 걸세.** 세상의 많은 것이
본질보다 더 잘 포장된 마술에 지배당하고 있다네."

지금은 이 말이 무슨 뜻인지 잘 알고 있다. 감사하게도 나는 그런 사람들과 함께 일하는 경우가 계속 늘고 있는데, 이야기를 나눠 보면 의외로 모두 평범해서 놀라곤 한다.

　물론 그 사람들이 자신의 분야에서 뛰어난 것만은 분명하다. 그러나 모든 면에서 완벽한 사람은 없다.

　"누군가의 팬이 돼서 그 사람에 대한 환상을 갖게 되는 것은 즐거운 일이지. 하지만 비즈니스를 할 때는 그런 마술에 걸리지 않도록 주의하게. 안 그러면 자네가 불리해질 수 있으니까."

　마술은 트릭을 알게 되면 처음에는 '이렇게 간단한 거였어?'라며 놀라고 그다음부터는 다른 시선으로 볼 수 있게 된다. 이때 나는 이 세상을 지배하고 있는 마술의 트릭을 알게 된 듯한 느낌이 들었다.

'규모'나 '지위'에 휘둘리지 마라＿＿＿。

    스승과 나눈 대화를 다시 들으며 과거의 내가 사람을 보는 가치관이 점차 변하는 것을 느낄 수 있었다.

  "설명이 길어졌는데, 어쨌든 주의해야 할 것은 규모와 지위 두 가지라네."

  "규모와 지위요?"

  "그래. 아마도 세상 사람의 절반은 규모가 크고, 사회적 지위가 높은 사람은 대단하다는 착각에 빠져 있을 걸세."

  "맞는 말씀이십니다. 그런데 사람들은 왜 그걸 모를까요?"

녹음을 듣다 보니 방금 전까지만 해도 마술에 흠뻑 빠져 있던 나의 빠른 태세 전환에 얼굴이 화끈거렸다. 스승은 나의 이런 변화에 별다른 반응 없이 말을 이어 갔다.

"크면 무조건 대단하다고 생각하던 시대는 이미 끝났네. 그런데 아직도 이런 마술에 걸려 있으면 자신의 체급을 올리는 데만 혈안이 되지. 예를 들어 무리해서 좋은 빌딩에 사무실을 마련한다거나 빚을 내서라도 가게를 늘리는 경우 말일세. 이러다 결국 자신을 궁지로 몰아넣게 될 걸세."

사실 그런 사람들이 적지 않다. 아니, 나도 그런 경향이 있다. 좋은 것뿐만 아니라 나쁜 것에도 영향을 잘 받고 걸핏하면 경쟁하려 든다.

"그렇게 되지 말라고 자네에게 '너무 다양한 사람들을 만나러 다니지 말라'고 경고한 걸세. 특히 자네처럼 아직 젊어서 세상을 잘 모를 때는 아무래도 남의 떡이 더 커 보이기 마련이지. 그걸 따라잡으려다 보면 자신과 세상을 자꾸 비교하게 되고, 사람들의 주목을 받겠다고 무리한 계획을 세우게 되는 거라네."

스승은 나를 완전히 꿰뚫어 보고 있었다.

"모험을 다룬 스토리라면 그런 전개가 재미있겠지만, 우리가 살아가는 세상은 현실 세계 아닌가? 아무리 열심히 노력해도 사람들의 평가는 제각각인데 거기에 자신을 무리하게 맞추다 보면 인생은 갈피를 잡지 못하고 흔들리게 될 걸세. 내가 흔들리면 주변 사람들은 그 세 배는 휘둘리게 된다는 걸 명심하게."

유명무실? 무명유실!＿＿＿。

당시 나는 다양한 사람들을 만나 많은 것을 배우며 돌아다녔다. 경영을 하면서 그 사람들에게 배웠던 것을 우리 회사의 목표로 발표하고 직원들에게 강요할 때마다 현장은 혼란에 빠졌다.

가장 큰 문제는 당시의 나는 '내가 선장이니 선원인 직원들이 내 말을 듣는 건 당연하다'고 생각하고 있었다는 점이다. 이를 반성하고 있는 내게 스승은 말을 이어 갔다.

"크고 화려한 것에만 정신이 팔려서는 안 되네. 중요한 것은 규모나 지위가 아니라 실력이야. 세상에는 유명하지만 막상 뚜껑을 열어 보면 속은 별 볼 일 없는 사람도 적지 않다네. 반대로 무명이지만 엄청난 실력의 소유자들도 있지. 이런 것을 보고 '유명무실, 무명유실'이라고 하는 걸세."

또다시 새로운 말이 등장했다.
'잘 기억해 둬야지.'

"젊을 때는 아무래도 규모가 크고 화려한 면만 보고 '대단하다'고 생각하기 쉽지. 하지만 **보이는 것에 현혹되지 말고 그 사람의 본질을 꿰뚫어 보는 힘을 길러야하네.** 그렇게 하면 상대의 이미지만 보고 휘둘리는 일은 없을 걸세. 그리고 주위 사람들에게 필요 이상으로 허세를 부릴 필요도 없어지지. 이것만 기억해 두면 허식의 세계의 함정에 빠질 일은 없다네. 이야기가 조금 어려웠나?"
"네, 조금이요."
"괜찮네. 차츰 알게 될 걸세."

그날 이후 이 이야기를 마음에 새기고 생활하다 보니 어느새 세상의 곳곳에서 '대단하다'는 기준만으로 이 선입견을 선점하려는 경쟁이 벌어지고 있고, 그 싸움의 승패에 따라 대부분의 사람들이 움직이고 있는 것이 보이기 시작했다. 내가 일반적인 시각과는 다른 각도에서 객관적으로 사물을 볼 수 있게 된 것은 다 이 가르침 덕분이라 확신한다.

"한 번 더 말하지. 사람이 경쟁에서 탈락하는 가장 큰 원인은 '허세'라네. 이 유혹에 빠지지 않는다면 인간관계에서 실패하는 일은 없을 걸세."

좋은 만남은
이런 사람에게 찾아온다____。

"자네는 어떤 사람들을 응원하고 싶어지나?"

"음, 한마디로 말하자면 뭐든 열심히 하는 사람이
요."

"역시 그렇지? 예를 들어 일본 사람들이 고교 야구에
그토록 열광하는 이유는 어린 선수들이 순수한 마음으
로 전력 질주하기 때문 아닌가? 게다가 응원하는 사람
들도 아무 사심 없이 자신의 팀을 온 힘을 다해 응원하
기 때문일 걸세. 그 순수한 모습에 사람들은 감동을 받
는 거지."

사실 그랬다. 나는 마운드에 있는 어린 선수들에게

도 감동받지만 스탠드에서 목이 터져라 응원하는 사람들을 보면서 울컥할 때가 있다.

"사람은 참 이상한 생물이라네. 평소에는 편한 걸 좋아하면서도 열심히 노력하는 사람을 보면 왠지 감동을 받아 응원하고 싶어지지. 이 이야기가 주는 메시지가 뭔지 알겠나?"

"자기 힘으로 하라는 말씀이신가요?"

"그렇지, 이제야 말이 통하는군."

내가 틀렸을 때는 틀렸다고 분명하게 짚어 주고 칭찬할 때는 아낌없이 하는 스승의 이런 점이 좋다. 사람을 격려한답시고 무턱대고 칭찬만 해대는 가식적인 사람보다 훨씬 애정이 느껴지고 의욕이 샘솟는다.

"인간관계도 마찬가지라네. 타인, 특히 성공한 사람들은 그저 만나서 명함을 주고받은 정도로는 쉽게 도움을 주거나 하진 않아. 상대가 어떤 자세로 살고 있고 지금 현재 어떤 노력을 하고 있는지 그 사람들 눈에는 다 보일 걸세."

"꼼수는 통하지 않는다는 말씀이시군요. 알 것 같습

니다.”

“그렇지 않아도 바쁜 사람들인데 평소에 얼마나 다양한 사람들이 의도를 가지고 접근하겠나? 그래서 진짜가 아니면 반응하지 않지. 이런 부분은 아주 철저하다네. 그래서 자기 힘으로 하는 게 중요한 거야. 자기가 할 바는 안 하고 아무리 사람들을 만나 봐야 그건 시간과 돈만 낭비하는 걸세. 그 정도의 인연으로 누군가가 힘이 돼 줄 정도로 세상은 만만하지 않다네.”

듣고 보니 그랬다. 좀 전까지의 나에게 말해 주고 싶었다.

“반대로 스스로 할 수 있는 일을 온 힘 다해 하는 사람을 못 알아볼 정도로 세상이 팍팍하지도 않네.”

“그건 또 무슨 말씀이신가요?”

“정말 성공한 사람은 미래의 기대주를 알아보는 눈이 있다는 말일세. 정상에 오르는 과정에서 보는 눈도 생기고 무엇보다 과거의 자신과 같은 냄새가 나는 사람을 알아본다는 걸세.”

진짜는 진짜를 알아본다…….

이 말은 당시 처음 들은 말인데, 너무 좋아서 이날 이후로 젊은 사람들을 만날 때마다 해 주곤 한다.

혼자서 해낼 수 있어야 한다＿＿＿。

스승은 다시 한번 강조했다.

"성공을 위해 자신 앞에 놓인 일에 최선을 다하는 사람에게서는 그 사람만의 아우라가 있고 눈에서는 광채가 나오는데 성공한 사람들은 그걸 놓치지 않는다네."

아우라라……. 멋있다.

이 말에서 뭔가 매혹적인 울림이 느껴졌다. 돌이켜보니 정말 그랬다. 당시에도 정말 좋은 만남은 항상 내가 해야 할 일에 최선을 다했을 때만 찾아왔다.

"타력他力이라는 불교 용어가 있네. 타력은 하늘의 힘이라는 뜻으로 쓰일 때도 있지만, 현실사회에서는 자신이 아닌 타인의 힘이란 뜻으로 쓰이고 있지.

아이러니하게도 사람은 '다른 사람의 도움은 필요 없 다'는 각오로 스스로 열심히 사는 사람을 도와주고 싶 어 한다네. 다시 말해 '혼자서라도 해내겠다'는 각오를 보고 사람들이 몰려든다는 말일세."

그때의 나는 아직 미숙했지만 논리는 이해가 됐다.
다양한 사람들에게 적용해서 객관적으로 생각해 봐 도 처음부터 다른 사람에게 기댈 생각부터 하는 사람 보다 혼자서도 담담하게 자신이 해야 할 바를 해내는 사람에게 나조차도 매력을 느낀다.

"잘 알겠습니다. 우선은 스스로 노력하는 것이 중요 하다는 말씀이시죠?"
"그렇다네. 다시 말해 '나는 편하게 살고 싶다' '최단 거리로 정상까지 올라가고 싶다'는 식의 얄팍한 생각 으로 살면 아무리 시간이 지나도 주변 사람들은 꿈쩍 도 하지 않을 걸세. 성공한 사람일수록 더할 테지. 반 대로 다른 사람한테 기대지 않고 자기 할 바를 똑 부러지게 해내는 사람을 사람들은 다 지켜보고 있다네."

"그렇게 생각하니 용기가 납니다."

"그렇다니 다시 한번 말하지. 일단은 자기 힘으로 해낼 것. 그렇게 해야 다른 사람의 힘, 즉 타력이 나타 난다네. 장담컨대 스스로 할 수 있는 일에 최선을 다 하는 것에서 모든 것은 시작되지. 그런 사람에게 사람 들이 모여들 걸세. 당연한 이야기지만 좋은 만남도 그 런 사람 곁으로 찾아온다네. 알겠나?"

처음 신선한 충격을 받은 지 1시간이나 지났을까? 나의 가치관은 이 짧은 시간에 완전히 달라져 있었다.

'미숙해도 괜찮아. 가능한 한 다른 사람들에게 기대 하지 말고 일단은 스스로 해야 할 일을 해 나가자. 그 렇게 하면 누군가 반드시 그 모습을 지켜볼 테고 그 럼 언젠가 반드시 보상받게 될 거야.'

지금 이렇게 책 쓰는 일을 할 수 있게 된 것도 당시 했던 각오에 가까운 맹세가 틀림없이 자양분이 됐을 것이다.

당신이
소중히 해야 할
사람은
누구인가

일단 1미터만 헤엄쳐 보자＿＿＿。

"진정한 진화란 안에서 밖으로 번져 간다네."
"안에서 밖으로요⋯⋯?"

규슈九州에서 오는 나를 위해 바쁜 와중에도 시간을 내준 스승은 점심 식사를 하고 오후 강의를 시작하면서 이렇게 말을 시작했다.

"그렇다네. 일단은 자네를 중심으로 반경 3미터 안에 있는 사람부터 시작해 서서히 그 반경이 커져 갈 걸세. 수면에 돌을 던지면 물결이 일듯이 말야."
"그렇게 설명해 주시니 이해가 잘 됩니다."

2장

"생각해 보게. 자기 바로 앞에 있는 사람 한 명도 소중히 하지 못하면서 바깥에 있는 사람을 소중히 할 수 있겠나? 그건 불가능하네. 마치 지금 막 수영을 시작하는 사람이 "저는 1미터도 수영을 못 하지만 100미터는 수영할 수 있습니다."라고 말하는 것이나 다름없네. 1미터를 갈 수 있어야 비로소 2미터, 3미터로 거리가 늘어나지 않겠나?"

내 머릿속에는 자신의 역량은 생각지도 않고 그저 먼 곳만 바라보며 헤엄치기 시작하는 청년들의 모습이 떠올랐다.

"그래서 일단은 지금 눈앞에 있는 사람이 어떻게 하면 기뻐할지, 웃음 짓게 할지를 끊임없이 고민해야 결과적으로 일이 잘 풀리는 지름길이 된단 말일세."

그렇구나. 머리로는 이해가 됐지만 마음은 정반대였다. 오전 강의 때 배운 '스스로 해내야 한다'는 이야기까지는 이해가 된 것 같았다. 그러나 이 '안에서 밖으로'라는 이야기는 당시의 나에게 너무 철학적이라 피부에 와닿지 않았다. 속에서 또 다른 내가 '그렇게 느긋한 이야기나 하고 있다가는 언제 일이 잘 풀릴지 모른다고요!' 외치는 소리가 들리는 듯했다.

스승은 나의 이런 속마음을 눈치챘는지 이렇게 물었다.

"먼 길을 돌아가는 거라 생각하고 있군."

"아, 네. 조금은요. 스스로 해내야 한다는 말씀은 이해했습니다. 그런데 지금 제 눈앞에 있는 사람부터 챙기라는 말씀은 너무 평범하게 느껴진다고 할까요? 뭐라고 표현해야 할지 잘 모르겠네요."

"무슨 말인지 알겠는데 그래도 말하지. **진정한 지름길은 먼 길을 돌아 찾아온다네. 그리고 대부분 기회는 위기의 얼굴을 하고 찾아오지.**"

나는 깊은 사색에 잠겼다.

2장

밖에서 만남을
찾게 되는 이유_____。

잠자코 자문자답하고 있는 내게 스승은 이렇게 물었다.

"그럼 이제 오전 중에 했던 질문을 다시 하지. 자네가 생각하는 진정한 의미의 인맥, 아니 인연은 누구인가?"

"인연이요? 조금 생각할 시간을 주세요."

스승의 이야기에 빠져들고 있었지만, 어릴 때부터 주변 사람들에 의해 주입된 뿌리 깊은 인맥 신화는 쉽게 답을 찾도록 내버려 두지 않았다.

"내 말이 어렵나?"

"아니요. 무슨 뜻인지는 압니다. 저한테 소중한 사람을 말씀하시는 거죠? 죄송합니다. 그 답이 바로 나오지 않네요."

"그럴 수 있지. 사실 사람들은 자신에게 정말로 소중한 존재가 누군지 잘 모른다네. 자네는 평소 누구와 함께 지내나?"

이 질문에 나는 뻔한 사람들만 떠올랐다.

"보통은 가족이나 직원들 그리고 저희 가게를 찾아주시는 고객분들과 파트너사의 영업사원 정도인 것 같습니다."

"많이 있군. 바로 그 사람들이 자네가 정말로 소중히 해야 할 사람이자 자네에게 기회를 가져다줄 사람이라네."

솔직히 실망했다. 그때까지 기회는 멀리 있는 사람들이 가지고 있다고 굳게 믿고 있었기 때문이다. 설마 그렇게 가까이 있는 사람들이 나에게 기회의 문을 열어 줄 것이라고는 꿈에도 생각지 못했다.

2장

"사람들은 말이지, 정말로 소중한 사람의 존재를 좀 처럼 알아채지 못한다네. 하지만 자네에게 진정한 기회 의 문을 열어 줄 열쇠는 단언컨대 그 사람들이 쥐고 있 다네."

"……그런가요?"

'기회의 문을 열 열쇠라…….'

통 무슨 소리인지 알 수 없었다. 이야기를 들으면 들을수록 오히려 그 기회가 점점 더 멀리 달아나는 기분이 들어, 나는 점점 이해하기를 포기하려는 상태 가 되어 가고 있었다.

"만남을 기대하며 이리저리 헤매고 다니는 사람들은 실은 자신에게 정말로 소중한 사람이 누군지 모르는 사 람들이라네. 그 존재가 보이지 않기 때문에 밖에서만 만남을 찾아다니는 거라 해도 좋을 걸세."

스승의 말대로 당시 내 눈에는 그 사람들이 전혀 보 이지 않았다. 그래서 자꾸 밖으로만 나를 내몰고 있었 다.

"그런데 말일세. 그렇게 밖으로만 나돌아다니면 교통비뿐인가? 사람을 만날 때도 돈이 드니 눈먼 돈이 자꾸 새는 걸세. 설사 그렇게 해서 만났다 치지. 지금 막 처음 만난 사람에게 그 이상을 돌려받길 바라는 건 너무 뻔뻔한 거 아닌가?"

　지금 이 책을 읽고 있는 독자들 중에는 어쩌면 이 무렵의 나처럼 이 이야기가 잘 이해되지 않는 이도 있을 것이다. 그래도 지금 이 순간 생각해 보기 바란다. 당신의 인생에서 기회의 문을 열어 줄 열쇠를 쥔 사람이 누구인지.

　"중요한 이야기니 다시 한번 하지. 가장 큰 문제는 좋은 만남이 없는 것이 아니라 자신에게 소중한 사람이 누구인지 보지 못하는 걸세. 그게 보이지 않으면 정신적으로나 경제적으로나 상상 이상으로 큰 손해를 보게 돼 있다네."

　정말 소중한 사람뿐 아니라 정말 소중한 것은 그 순간에는 모르다가 나중에 깨닫는 경우가 많다. 지금 이렇게 과거에 스승과 나눈 이야기를 글로 옮기다 보니 새삼 '정말 좋은 말씀을 해 주셨다'는 생각에 스승에 대한 감사한 마음이 차올라 가슴이 벅차다.

가까이 있는 사람이 기뻐하면
멀리서 사람이 찾아온다____。

"근열원래近悅遠來라는 말을 들어 본 적 있는가?"

근열원래? 무슨 사자성어지? 솔직히 이 말을 들은
건 이때가 처음이었다.

"아니요, 처음입니다. 무지해서 죄송합니다. 유명한
말인가요?"

"아니, 대부분의 사람들은 잘 모를 걸세. 하지만 이
말은 교과서에 실어도 좋을 정도로 중요한 말일세."

"무슨 뜻입니까?"

"이 말을 쉽게 풀이하면 '가까이 있는 사람이 기뻐하

는 곳에는 많은 사람들이 몰려든다'는 뜻일세."

"그런 깊은 뜻이 있군요."

"그렇다네. 이건 매우 중요한 말일세. 그리고 놀랍게도 이 말이 생겨난 것은 지금으로부터 약 2500년 전이라네."

"정말 까마득한 옛날이네요. 중국에서 생긴 말인가요?"

"그렇다네. 공자의 《논어》〈자로子路편〉에 나오는 말일 걸세."

인간은 참 신기한 생물이다. 눈에 보이는 우리들의 생활은 하루가 다르게 진화해 가는데 이렇게 몇천 년 전 사람의 말에서 배울 것이 많으니 말이다. 이렇다는 것은 인간의 생활 자체는 변했어도 인간의 본질은 크게 바뀌지 않았다는 의미일지 모른다.

"내가 정말 좋아하는 근열원래에 관한 일화가 있는데 그 이야기를 좀 해도 되겠나?"

"물론입니다. 꼭 듣고 싶습니다."

사람을 끌어들이는 힘＿＿＿。

"자네, 이시하라 유지로石原 裕次郎라는 사람 알지?"

"물론입니다. 1960~1970년대의 엄청난 스타죠."

"그래, 이시하라 군단(연예 기획사이자 제작 회사인 이시하라 프로모션에 소속된 연예인을 칭하는 말)의 보스지. 그 유지로 씨가 대단한 카리스마 배우였다는 건 잘 알려진 사실인데, 실은 근열원래의 달인이기도 했다네."

"주변 사람들을 잘 챙겼다는 말씀이십니까?"

"그렇다네. 보통 유명한 연예인들은 대우를 받는 데만 익숙하지 않나?"

"그렇죠."

"그래서 대부분은 '난 선택받은 사람'이라는 착각에

빠져 살기 쉽지. 연예인들끼리 우르르 긴자銀座(도쿄에 위치한 번화가) 같은 데로 가 거들먹거리며 놀기도 하고 자기들끼리만 몰려다니지 않나?"

"경영자들 중에도 일부 셀럽들은 그런다는 이야기를 종종 듣습니다."

"그렇지? 그런데 유지로 씨는 달랐다네. 그는 대부분 같은 연예인들과는 어울리지 않았다고 하더군. 그럼 긴자에 안 갔냐 하면 그렇지도 않았다네. 함께 간 사람들이 연예인들이 아니었던 것뿐이지."

"누구랑 갔습니까?"

"유지로 씨가 긴자에 갈 때는 가게를 전세 내서 몇십 명씩 사람들을 우르르 데리고 갔다더군."

"차원이 다르네요."

"돈이 많았을 테니까. 데리고 간 사람들은 대부분 자신이 출연한 드라마와 영화에 참여한 조명 스태프나 디렉터들이었다고 해."

"스태프들을 데리고 간 거군요."

"그렇다네. 이를 이상히 여긴 긴자의 남자 종업원들이 유지로 씨에게 그 이유를 물었더니 이렇게 대답했다고 하더군."

나는 이런 일화를 들을 때면 왜 가슴이 뛰는지 모르겠다. 이제부터 시작될 일화에 벌써 가슴이 두근거리기 시작했다.

"'내가 이렇게 TV나 영화에 나올 수 있는 것은 지금 여기 있는 스태프들이 열심히 해 주기 때문이라네. 이 사람들이 신나서 또 열심히 해 주면 나도 일을 잘할 수 있지. 이 사람들이야말로 나에게는 정말이지 보물 같은 존재라네.'라고 말했다는군."

아니나 다를까. 난 이 대스타에게 완전히 매료되고 말았다. 만난 적 없고 이제는 만날 수도 없지만, 이 일화를 듣자마자 나는 유지로 씨의 팬이 됐다. 당시 나는 전혀 그렇게 하지 못하는 상황이었지만 그건 중요하지 않았다.

스승은 차근차근 이야기를 이어 갔다.

"이런 사람이라면 반할 수밖에 없지. 그래서 유지로 씨가 나오는 프로그램에는 스태프들이 만사 제치고 달려와 모두가 유지로 씨를 위해 최선을 다했다고 하네. 이런 일화야말로 인생 공부지."

쉽게 듣기 어려운 이야기지만, 나는 인간적으로 멋있는 사람에 관한 이런 일화를 굉장히 좋아하고 큰 자극을 받는다. 그리고 지금 내가 자랑할 수 있는 것은 스승을 비롯해 이런 멋진 어른들의 이야기를 실제로 보고 듣고 많이 간직하고 있다는 사실이다.

나는 이런 이야기를 듣기 위해 상당히 많은 돈을 썼다. 물론 매번 이런 감동을 받은 것은 아니지만 후회는 없다. 그 노력 덕분에 지금 이렇게 책을 통해 이런 일화를 소개할 수 있지 않은가.

당신에게 돈을 가져다주는
사람은 누구인가＿＿＿。

"이건 조금 다른 이야기인데, 자네는 부자가 되고
싶나?"

"네, 물론입니다. 돈만을 위해서 일하는 것은 물론
아닙니다만, 돈은 필요한 것 중 하나입니다."

솔직한 심정이었다. 실은 "저는 돈을 위해서 일하
는 것은 아닙니다."라고 멋있게 말하고 싶었지만, 모
든 것을 간파하고 있는 스승에게 이제 와 포장해 봐
야 소용이 없었다.

"음, 좋은 말이네. 자네도 비즈니스맨이자 장사를

하는 사람이니 돈이 꼭 필요한 존재라는 건 잘 알고
있겠지."

"네, 뼈저리게 느끼고 있습니다."

"단, 돈에 대한 균형 감각은 필요하다네. 그럼 질문을
하나 더 하지. 실은 여기서 가장 중요한 포인트인데,
자네한테 실제로 돈을 가져다주는 사람은 누구인가?"

이건 내가 자신 있는 분야라 당당하게 대답했다.

"고객입니다!"

"근접했지만 아쉽게도 답은 아니라네."

또 한 번 좌절했다. 하지만 괜찮다. 몇 번이고 다시
일어날 것이다.

"조금 더 가까운 데서 찾아보게."

"음……. 아! 직원입니까?"

"정답일세. 자네에게 와 준 직원들이 열심히 일해서
매출을 올려 주기 때문에 자네한테 돈이 들어오는 걸
세."

"듣고 보니 그렇네요. 그런데 이건 경영자에게만 적

용되는 이야기인가요?"

"아니, 그렇지 않네. 샐러리맨도 마찬가지일세. 사람은 혼자서는 일할 수 없지 않나? 주변 사람들이 도와주기 때문에 비로소 일이 성사되는 걸세. 그러니 일을 할 때 가장 중요한 존재는 자신의 직장 동료지."

맞는 말이다. 내가 이렇게 스승을 만나러 와 있는 동안에도 현장에서 분주하게 움직이는 직원들이 있기에 안심하고 밖으로 나올 수 있는 것이다. 이는 17년이 지나 출판 업계에 발을 들여놓은 지금도 변함없는 사실이다. 회사의 직원들이 열심히 해 주어 이렇게 책을 쓸 수 있는 것이다.

사람들이 저절로 모이는 곳＿＿＿。

"지금까지를 돌아봤을 때 자네는 어떤 곳에 가고 싶은가?"

'무슨 뜻이지?' 나는 잠시 생각했다.

"예를 들어 가게도 좋고 모임도 좋고 자네가 좋아하는 장소도 상관없네. 뭔가 공통점이 보이지 않나?"

난 어떤 곳에 끌릴까? 일단 머릿속에 떠오른 것은 대기 줄이 길게 늘어선 가게, 평이 좋은 상품을 파는 곳…….

"한마디로 표현하자면 즐거운 곳인 것 같습니다."

"그래, 그거야. 결국 사람들은 즐거운 곳을 좋아한다네. 거기에 있다는 사실만으로도 가슴이 뛰는 곳. 아직 가 본 적이 없어도, 이야기를 듣거나 상상만 해도, 아무리 시간이 걸려도 가고 싶어지는 곳. 그런 곳에 사람들이 모이게 되지."

나는 축제를 매우 좋아해서 젊을 때는 친구들과 차를 함께 타고 규슈에서 오사카의 기시와다岸和田까지 단지리축제*를 보러 가는 것이 가을의 즐거움 중 하나였다.

이것 말고 하나 더 있다. 아직 유튜브가 지금처럼 유행하지 않았을 무렵 음식점을 운영했던 나는 평판이 좋은 식당이 있으면 짬을 내서 '맛집 투어'를 했다고 스승에게 말했다.

"그런 곳들은 공통적으로 거기 있는 사람들이 하나같이 다들 즐기고 있지 않던가?"

"네, 맞습니다. 모두 즐거워 보였어요."

---

* 남성들이 빠른 속도로 큰 나무 수레를 끄는 퍼레이드가 특징인 축제_옮긴이주

"그랬을 걸세. 그래서 자네 식당도 그렇게 되면 좋겠다는 거야. 거기 있는 직원들이 즐거워야 찾아 준 손님들이 맛있는 음식과 즐거운 분위기 덕분에 웃을 수 있지. 그런 식당을 만들게. 그렇게 하면 근열원래의 원칙이 작용해서 사람들이 몰려들게 돼 있다네."

이 이야기를 듣고 나니 내가 제일 먼저 즐겁게 해야 하는 사람이 누구인지 분명해졌다. 직원들이다. 아무리 훌륭한 기획을 해도 이를 실행하는 직원들이 즐겁지 않으면 결국 그 즐거움은 오래가지 못한다. 직원들과 손님들의 미소가 넘치는 식당이 천천히 내 안으로 스며드는 느낌이 들었다.

"너무 당연한 이야기라 진지하게 생각할 기회가 많지 않지만 즐거움이 가장 중요한 요소라네. 그리고 그 즐거움이란 단언컨대 안에서 밖으로 전파된다네."

안에서 밖으로…….
예전에는 '어떻게 하면 손님들을 즐겁게 할 수 있을까?'만 고민했다면, 이 법칙을 알고 난 뒤로는 직원들과 함께 '어떻게 하면 나를 포함한 직원들이 즐길 수

있을까?'에 초점을 맞춰 식당의 스타일을 계속 바꿔
나갔다.

끌리는 사람에게 기회가 온다____。

　스승을 처음 만난 2005년 당시는 음식점 경기가 지금보다 좋아 전국적으로 연결돼 있던 젊은 경영자들은 매장을 계속 늘려 갔다. 나도 이런 흐름에서 뒤처지면 안 된다는 생각에 매장을 늘릴 계획을 세우고 있었다. 그러나 이 계획도 스승의 말을 듣고 좋은 의미에서 백지화됐다. 다음의 이야기가 결정적이었다.

　"자네는 앞으로 어떤 경영을 하고 싶은가?"
　"음…… 이왕 음식점을 시작했으니 매장을 계속 늘려 가야 하지 않을까 생각하고 있습니다."
　"음, 의외로 대답이 평범하군. 나라면 좀 다른 방식

을 고민할 것 같은데 말이지.”

‘하, 또 틀에서 벗어난 접근을 하시네.’
하지만 이때는 실망이 아니라 스승이 또 다른 길을 제시해 줄 거라는 기대감이 가득했다.

“교토京都 어디쯤이었던 것으로 기억하는데, 산 정상에 아주 예쁜 벚나무가 있었다네. 봄에는 그 벚나무가 흐드러지게 피는데 그게 아주 장관이었지. 그러자 점점 입소문이 나기 시작했어.”

어떤 상황인지 상상이 됐다.

“그 벚꽃을 보러 많은 사람이 몰려들었다네. 사람들이 너무 몰리자 결국 길이 정비되고 그곳에 노점이 들어서면서 하나의 큰 길이 형성됐지. 거기 있던 건 고작 벚나무 한 그루였는데 말이네. 그 벚나무 덕분에 거리가 생겨난 걸세. 나는 그런 방식을 좋아하네.”
“멋진 이야기네요.”
“그렇지? 자네 가게는 오이타大分현 변두리에 있다고 했지?

오이타현 나카쓰中津시에 있다. 인구 8만 명이 조금 넘고 후쿠오카福岡현과의 경계에 있으며, 후쿠자와 유키치福澤諭吉*의 생가와 나카쓰 가라아게**로 유명한 도시다.

나는 여기서 나고 자랐고 다코야키 노점을 거쳐 '히나타야陽なた家'라는 음식점을 시작했다. 히나타야가 있던 곳은 나카쓰역에서 차로 15분 거리인데다 논 한가운데 우두커니 서 있어서 빈말이라도 접근성이 좋다고는 말하기 어려웠다.

지금 돌이켜 보면 그런 악조건에서 경영해 본 경험 덕분에 이렇게 책을 쓰고 있고, 다양한 회사의 경영 지원도 할 수 있게 됐다. 하지만 당시에는 지금의 상황은 전혀 상상조차 할 수 없었기 때문에, '더 규모를 키우기 위해서는 도시로 진출하는 수밖에 없다'고 굳게 믿었다. 솔직히 이 계획을 세울 때 두근거림은 없었다. 막연히 이 길밖에 없다는 생각에 빠져 있었다. 그래서 더더욱 벚나무 이야기에 마음을 빼앗겼다.

---

* 1835~1901, 일본 개화기의 계몽가이자 교육가_옮긴이주
** 일본식 닭튀김으로, 과거 양계장이 많았던 나카쓰의 명물_옮긴이주

"오이타현 나카쓰시라는 지방 도시에 매우 행복해지는 음식점이 있다는 소문을 듣고 전국 각지에서 시간과 돈을 들여서까지 몰려든다고 상상해 보게. 그런 입소문을 내는 것도 괜찮은 방법 아닌가?"

솔직히 이 이야기를 처음 들었을 때는 뜬구름 잡는 이야기처럼 느껴졌다. 하지만 이 꿈같은 이야기는 그로부터 2년도 채 되지 않아 현실이 됐다. 논 한 가운데 우두커니 서 있는 가게에 연간 4만 명이 다녀갔고, 그중 1만 명은 오이타현 사람들이 아니었다.

스태프로 일하고 싶다는 사람도 늘어 어쩔 수 없이 2호점을 내게 됐다. 장소는 내가 나고 자란 상점가였다. 역 반대편이라 유동인구가 전혀 없는 가장 외진 곳에 '유메텐마데 도도케夢天までとどけ'라는 술집을 냈다. 당시 우리에게는 벚나무의 가르침이 있었다.

"끌리는 가게로 만들면 아무리 멀어도 사람들은 다 찾아오게 돼 있네."

이 법칙을 알게 된 우리는 상점가의 외진 곳이라도 무서울 것이 없었다. 오히려 가게를 오픈할 무렵 우리

가게에서 역으로 이어지는 긴 아케이드가 마치 벚나무로 이어지는 길처럼 느껴지기까지 했다.

2호점이 잘되자 우리 가게 주변에 바나 술집들이 점점 늘어났다. 당시 나는 조금은 벚나무에 가까워진 느낌이 들었다.

"사람은 누구나 즐거운 곳에 가고 싶어 하고, 매력적인 사람이 있는 곳에 모이고 싶어 하지. 그러니 돈을 들이거나 무리해서 가게를 늘리기 위해 밖으로 나가지 말게. 상대가 일부러 찾아오게 만들면 돼. 자네만의 매력을 찾아 거기에만 집중하게.

그것만 되면 차고 넘칠 정도로 사업은 번창할 걸세. 그 매력만 손에 넣으면 어디 후쿠오카뿐이겠나? 오사카, 도쿄를 넘어 전국에서 자네 가게를 당해낼 곳이 없을 걸세. 인구가 적은 곳에서 이만큼 사람을 끌어모았지 않나? 그럼 남은 건 수의 논리일세. 인구가 많으면 많을수록 식은 죽 먹기지. 매력적인 사람과 매력적인 가게는 누구도 이길 수 없다네."

감사하게도 이때부터 우리는 후쿠오카의 중심지로 진출했고 그 후로도 가게는 계속 늘어 갔다. 그 중심에 있던 '다이묘大名 히나타야'는 연중 만개라는 콘셉트로 가게 한가운데에 커다란 벚나무를 설치했다. '1년 내내 꽃놀이를 할 수 있는 가게'로 입소문이 나면서 전국에서 사람들이 몰려들었다.

"우리가 있는 곳에 벚꽃이 핀다."

이것이 우리들의 키워드가 됐고 이 말로 인해 우리 회사에 벚꽃 경영 선언이라는 콘셉트가 탄생했다.

지금 있는 곳을
깊이 파고들어라＿＿。

"진정한 진화는 안에서 밖으로."

　결과적으로 이 가르침은 내가 '누구와 살아갈 것인가?'에 대해 깊이 생각하는 계기가 됐다. 이렇게 생각을 바꾸니 내 인생과 경영에서 예전에 밖으로 나돌던 때보다 결과적으로 훨씬 좋은 만남이 늘었다.

　직원들이 열심히 일해 준 덕분에 히나타야는 웨딩 사업도 할 수 있게 됐다. 결혼식에 참석했던 사람 중 출판사 편집장이 있었는데, 그의 제안으로 출판의 길로 들어서게 됐다.

　베스트셀러 작가이기도 했던 스승의 지도를 받아

책을 내자 이번에는 여기저기서 강연 의뢰가 들어왔다. 거기서 만난 사람들은 가게를 찾아 주었고 이어서 그 흐름을 타 경영 지원과 출판 컨설팅이 시작돼 지금에 이르게 됐다.

만일 벚나무의 가르침이 없었다면 어땠을까? 모르긴 몰라도 나는 좋은 만남을 찾아 여기저기 헤매고 다니면서 돈만 쓰고 결과적으로는 아무것도 남지 않아 망연자실했을 것이다.

만일 그때 만남을 계속 찾아 헤매느라 현장을 돌보지 않아 직원들이 모두 떠나 버렸다면 어땠을까? 생각만 해도 등골이 오싹하고, 이 가르침을 받을 수 있었던 나의 강한 운에 감사할 따름이다. 이 밖에도 스승에게 많은 것을 배웠지만, 벚나무 이야기는 내 인생에서 가장 큰 가르침이 됐다. 음식점 경영자에서 작가가 된 지금도 벚나무의 가르침은 변함없이 마음속에 간직하고 있다.

'직원들과 책을 만들어 주는 출판사, 서점 사람들을 어떻게 하면 즐겁게 할 수 있을까?'라는 고민이 결국 책을 읽는 여러분을 즐겁게 할 것이라고 믿고 있다.

그래서 무리해서 여러 출판사와 일하려 하지 않는다. '아무것도 없던 시절부터 함께해 준 사람들과 책을 계속 만들겠다'는 결심을 내 나름대로 잘 지켜오고 있다.

그러자 새로운 벚꽃이 또 피기 시작했다. 나를 전담하는 출판팀이 생겨났고《말버릇을 바꾸니 운이 트이기 시작했다》(갈매나무, 2020)라는 책이 세상의 빛을 보게 됐다. 이 책은 놀랍게도 일본에서 100만 부가 팔리며 2021년과 2022년에 베스트셀러 1위를 차지했다.

현재는 이 경험을 통해 터득한 노하우를 체계화해 출판스쿨 기획이 시작됐다. 동시에 출판업계 활성화 프로젝트를 시작하는 등 이 분야에서 할 수 있는 일이 점점 확대되고 있다. 이런 일들이 가능했던 것은 항상 같은 출판 멤버들과 지금 있는 곳을 깊이 파고든 덕분이다.

무리하게 확장하지 않고 가까이서 느낄 수 있는 감동의 깊이를 더하는 삶. 나는 앞으로도 지금 곁에 있어 주는 소중한 사람들과 벗나무 같은 삶을 사는 것이 바람이다.

당신의 소중한 사람은
지금 웃고 있습니까?＿＿。

괴테는 "네 발밑을 파라. 거기에 맑은 샘물이 솟으리라."라고 말했다. 이는 자신의 주변 사람들을 소중히 하라는 의미다. 당신의 가장 가까운 사람은 회사에서는 동료나 상사 또는 부하일 것이고, 일상에서는 가족과 친구일 것이며, 취미 생활에서는 커뮤니티의 멤버일 것이다.

이런 가까운 사람들조차 기쁘게 하지 못하면서 아주 멀리 있는 사람들을 기쁘게 할 수는 없다. 그러나 사람은 자꾸만 지금 서 있는 곳보다는 먼 곳에 더 매력을 느끼는 경향이 있다.

다시 강조하지만 당신의 인생에서 기회의 문을 열

어 줄 열쇠는 지금 당신의 눈앞에 있는 사람이 쥐고 있다. 그 사람이 그 문을 열어 주지 않으면 두 번째 사람에게 도달할 수 없다. 당신은 지금 있는 곳을 소중히 하고 있는가? 손님은 즐거워하는가? 당신의 소중한 사람은 지금 행복한가?

당신은
누구와
일할 것인가

벤츠가 저가형 자동차를
만들지 않는 이유____。

"누구와 살아갈 것인가를 주제로 말씀을 듣고 있습니다만, 이건 직원뿐 아니라 손님들에게도 해당되나요? 함께 살아가는 데 손님도 포함이 되나 해서요."

"매우 중요한 포인트라네. 그 이야기를 해 보도록 하지."

"네, 부탁드립니다."

때마침 사무실 앞에 벤츠가 서 있는 것이 눈에 들어왔다. 스승은 그 벤츠를 가리키며 말했다.

"명품이라 불리는 상품들이 있지 않은가? 루이비통

이나 저기 서 있는 메르세데스 벤츠 같은 것들 말일세."

"네, 잘 알죠."

"이거 말고도 '명품' 하면 떠오르는 것들이 각자 많을 걸세. 그럼 애초에 이런 명품들은 어떻게 명품이 됐는지 생각해 볼까?"

또 가슴이 두근거리기 시작했다.

"자네는 명품을 한마디로 표현한다면 어떤 말이 떠오르나?"

"음, 예를 들면 고가나 신뢰 정도 아닐까요?"

"물론 그것도 있지. 하지만 나는 조금 더 중요한 부분이 있다고 생각하네."

"어떤 것 말입니까?"

"그건 '일관성'이네. 항상 변함이 없는 이미지와 가격대도 일관성이 있지만, 그보다 더 중요한 조건은 대상 고객의 일관성이라네."

"그것도 관계가 있습니까?"

"관계가 있다기보다 '고객이 누구냐?'가 명품의 가장 중요한 포인트라 할 수 있지. 예를 들어 루이비통이 가방을 파격 할인해서 3,000엔(약 27,000원)에 팔면 어떻겠나?"

"실망하겠죠."

"벤츠가 경트럭을 판다면?"

"경트럭이 나쁘다는 건 아니지만, 그건 벤츠가 해야 할 일은 아닌 것 같습니다."

"그렇지. 굳이 그렇게 하지 않는다는 것은 '자사 고객은 누구인가?' '자사 고객이 무엇을 원하는가?'가 분명하기 때문일 걸세. 할인을 좋아하는 사람은 그런 가게에서 사면 되고, 경트럭은 그 분야의 전문 업체에서 팔면 되네."

"무슨 말씀인지 알겠습니다."

비즈니스에서 중요한
관계의 법칙＿＿＿。

"어떤 고객과 함께 살아갈 것인가?는 비즈니스의
어떤 측면에서 드러날 것 같은가?"

"음…… 가격인가요?"

"역시 경영자라 다르군. 그렇다네. 그 회사의 방침
은 가격대에서 가장 잘 드러난다네."

나는 정답을 맞혔다는 사실에 기뻤다.

**"비즈니스에서 가격대를 정하는 것은 그걸 기꺼이 구
매할 고객층을 명확히 하는 작업일세.** 명품 회사들은
이걸 잘 알고 있기 때문에 가격대를 무리해서 넓게

잡지 않는다네. 세상 모든 사람들에게 맞추려다가 결국 타깃이 모호해져서 무엇을 하고 싶은지 알 수 없게 되거든. 고객층을 좁히고 그 사람들을 잘 관리하기 때문에 명품이 명품으로 존재할 수 있는 거라네."

"그렇군요. 그건 저희 같은 소규모 비즈니스에도 해당되는 건가요?"

"이 이야기의 핵심이 바로 그거라네. '자신의 고객은 누구인가?'만 분명히 해 두면 어떤 비즈니스도 명품이 될 수 있다네."

나는 '어떤 고객과 함께 살아갈 것인가?'라는 질문에 대해 곰곰이 생각해 봤다.

"비즈니스란 가격으로 경쟁하고 승부하는 과정일세. 참고로 아까 자네가 말한 '명품은 고가'라는 이미지는 엄밀히 말하면 정답은 아니네. 저렴해도 명품이 될 수 있어."

"네? 그런가요?"

"예를 들어 다이소는 어떻게 생각하나?"

"다이소는 명품이라는 이미지는 아니지만 일관성은 있죠."

"아니, 그 회사는 명실상부한 명품이라네. 일본 사람들에게 "100엔숍 하면 어디가 떠오르십니까?"라고 물으면 대부분은 다이소라고 답할 걸세."

"그야 그렇죠."

"다이소의 경영 방식은 대단히 어려운 거라네. 제품의 가짓수나 매장 넓이 모두 차원이 다르지. 그런 비즈니스 모델을 구축하기 위해서는 상당한 힘과 시간이 필요하지. 그렇게 할 바에는 오히려 고가의 명품 브랜드를 만드는 것이 상대적으로 쉬울 수도 있어."

듣고 보니 그랬다.

"어떤 비즈니스도 쉬운 건 없고 돈이 쉽게 벌리는 것은 없네. 차근차근 밟고 올라가는 거지. 무엇보다 가장 중요한 것은 '어떤 고객과 살아갈 것인가?'라네. 이것 하나로 비즈니스의 운명이 결정된다 해도 과언은 아니지. 이렇게 생각하면 고객과의 관계 형성에도 당연히 인간관계의 법칙이 그대로 적용되는 걸세."

"제 고객이 누구인지 명확히 타깃팅을 하는 것이 중요하다는 말씀이시군요."

"그렇다네. 그렇게 하면 고객들이 그 비즈니스의 팬

이 되어 준다네. 그리고 열정적인 팬은 사외 영업사원
이 돼서 또 다른 고객을 데려오게 되지."

일 잘하는 사람은
'사람'을 챙긴다＿＿。

"일을 잘하는 사람일수록 아무것도 하지 않는다."
"잘나가는 영업사원은 영업을 하지 않는다."

　이런 역설적인 말이 있다. 다 맞는 말이다. 그러나 착각하면 안 될 것이 있다. 이 말은 '직접 영업하지 않는다' '혼자서만 일하려 하지 않는다'는 뜻이다. 정말로 아무것도 하지 않는데 고객이 올 리가 없지 않은가? 이 말은 달리 표현하면 '다른 사람들이 알아서 영업해 준다' '주변에서 알아서 그 사람을 위해 애써 준다'는 뜻이다. 이게 가능하다면 이보다 편할 순 없을 것이다. 단 이런 사람들도 처음부터 이랬을 리 없다.

사람마다 스타트 라인은 다르지만, 힘든 시기를 여러 번 거치면서 누군가는 분명 달인의 길로 들어선다.

그럼 무엇이 '달인'과 '항상 직접 발로 뛰는 사람'을 가르는 결정타가 될까? 여러분도 함께 생각해 보기를 바란다. 처음에는 누구나 열심히 판매하러 다닌다. 그러나 행동에는 차이가 있다. **많은 사람이 고객의 구매가 결정되면 바로 새로운 고객을 찾아 나선다. 하지만 일을 잘하는 사람은 구매해 준 고객을 어떻게 하면 더 기쁘게 할 수 있을지 고민한다.** 다시 말해, 설령 그것이 비효율적일지라도 사 준 사람에게 더 큰 감동을 주려 한다는 것이다. 스승은 내게 이런 전략을 가르쳐 줬다.

주변 사람에게
감동을 주고 있는가____。

"보통은 물건을 판 다음보다는 팔기 전에 공을 들이기 마련이지. 그래서 팔고 나면 바로 새로운 고객을 찾아 나서기 때문에 사후 관리가 소홀해진다네. 이렇게 하면 결국 '팔 때만 잘해 준다'며 사람들의 신뢰를 잃게 돼 있어.

반대로 인기가 많은 영업사원은 팔기 전보다 판 다음을 더 중요하게 생각한다네. 그래서 지금 있는 고객과 팬들이 더 감동해서 입소문이 나기 시작하지. 고객들이 알아서 여기저기 소문을 내 준단 말일세."

스승의 말대로 항상 실적이 좋은 사람은 하나같이

사후 관리를 잘한다는 특징이 있다. 그들은 아무리 시간과 수고가 많이 들어도 '이미 산 사람'의 감동의 총량을 꾸준히 늘려 간다. 그렇게 꾸준히 팬을 놓치지 않고 관리하면 그다음부터는 고객이 저절로 늘게 돼 있다.

"사람은 감동하면 다른 사람들에게 그 감동을 전하고 싶어 하는 특성이 있네. 고객들이 알아서 영업을 해 주게 된다는 말일세. 그래서 잘나가는 영업사원의 신규 고객은 주로 소개가 많지."

내 주변의 우수한 영업사원을 떠올려 보니 확실히 그 사람들은 모두 소개로 비즈니스가 커졌다.

"본인은 아무것도 하지 않는데 주변 사람들에게 환영받는 영업사원에게는 한 가지 특징이 더 있네. 그건 그 사람 가까이에 있는 사람, 예를 들면 그 사람과 함께 일하는 사람들이 고객 이상으로 그 사람의 열렬한 팬이라는 사실일세."

듣고 보니 그랬다. 우수한 사람에게는 그 사람을 단

단히 받쳐 주는 우수한 인재들이 곁에 꼭 있다.

"자신의 곁에 있는 스태프나 동료들을 소중히 할수록 그들은 감동해서 '이 사람을 위해서라면' 하고 기꺼이 발 벗고 나서게 되지. 그래서 언뜻 보기에는 아무것도 하지 않는 것처럼 보이는 걸세. 하지만 그런 사람들은 아무도 보지 않는 곳에서 자신의 곁을 지켜 주는 스태프나 동료들을 항상 소중히 하고 있다네. 잘나갈수록 주변 사람들과 이미 고객이 된 사람들이 감동받을 수 있게끔 열정을 쏟고 있지. 그래서 저절로 번창하는 걸세."

비즈니스도 인간관계와 마찬가지다. 인맥이나 새로운 고객을 무리하게 늘리기보다 지금 있는 사람에게 더 환영받도록 하면 결과적으로는 입소문으로 커진다.

다시 말해 능력자는 무리해서 멀리 있는 사람에게까지 손을 뻗치려 하기보다 자신의 주변을 소중히 하는 데 최선을 다하고, 그 감동은 온 사방으로 퍼져 나간다. 일을 잘하는 사람들은 이를 무의식적으로 실천한다. 스승의 이야기를 들으면서 '안에서 밖으로'라는 법칙이 점점 내 안에서 체화돼 가는 것을 느꼈다.

성공의 씨앗은 먼 곳이 아니라 항상 아주 가까운 곳에 있다. 일 따로 인생 따로 가지 않는다. 비즈니스의 결과란 그 사람의 삶이 투영된 것이다.

관계는 양보다 질이다____。

　"앞으로의 시대와 사회에서는 타인과의 관계뿐 아니라 모든 면에서 자신의 역량을 넘어 무리하게 확장하려 하거나 크게 키우려고 했다가는 거기서부터 망가지게 될 걸세. 지금은 21세기라네. 20세기처럼 '큰 것이 좋은 것'이라고 생각하던 시대는 끝났네."

　이렇게 쓰고 보니 21세기가 막 시작됐을 무렵부터 이미 스승은 지금의 세상을 내다보고 있었다는 사실을 깨달았다. 역시 일본에서 납세액 1위인 사업가의 눈은 뭐가 달라도 다르다는 생각에 혀를 내두를 정도다.

"특히 지금 규모에 대한 신화는 다는 아니더라도 이전보다 확실히 무너지고 있다네. 양보다 질이라는 거지. 다시 말해 겉의 화려함보다 내면의 매력에 사람들이 반응하는 시대가 시작됐다는 걸세."

화려해 보이는 겉모습이 아니라 안에 있는 사람들의 만족을 추구하는 것이 결과적으로는 성공할 것이라는 이야기다. 한 발자국 떨어져서 생각해 보면 이는 겉모습의 화려함에만 힘을 쏟는 것보다 훨씬 효율적이다.

"그렇군요. 가게로 말하면 단골을 소중히 하라는 말씀이신 거죠?"

"맞네. 솔직히 지금까지 가게를 지탱해 준 사람들이 누군가?"

"그분들입니다."

"그렇지? 그런데 모두가 반대로 하고 있지 않은가?"

"반대라고요?"

"신규 고객에게는 많이 할인해 주고 단골에게는 정가를 받고 있으니 이상하단 말일세. 그 반대로 해야지."

"듣고 보니 그렇네요."

"이건 장사뿐 아니라 우리네 인생에서도 마찬가지일세. 사람들은 규모를 확장하거나 더 큰 비약을 하고자 할 때 그때까지 힘이 돼 준 사람들을 곧잘 잊곤 하지 않나."

그런 경향이 강했던 나는 특히 새겨들어야 할 말이다. 다시 한번 마음을 다잡았다.

욕심을 내면 왜 꼭 실패할까?＿＿＿。

"정말로 사업이 잘되기를 바란다면 사업도 인간관계처럼 지금 이미 자네를 소중히 하는 사람들을 소중히 하게. 거꾸로 하면 안 되네. '지금까지 힘이 돼 준 사람들을 어떻게 하면 기쁘게 할 수 있을까?' 이것만 생각하게."

"네, 명심하겠습니다."

"그런 노력도 없이 한 번도 본 적 없는 사람들을 많이 모으려고 하는 순간 전달하고자 하는 메시지도 비즈니스도 퇴색돼 버린다네."

"무슨 말씀이신지 알 것 같습니다."

나는 지금 책 쓰는 일을 하고 있으니 이걸 예로 들어 보자. 세상에는 내 책을 읽어 주는 팬이 있다. 나는 그 사람들을 위해 열심히 책을 쓰는 것이다. 처음부터 '몇만 부 팔아야지' 하고 많이 팔기 위한 전략 같은 건 가능한 한 생각하지 않으려 한다. 물론 많이 팔리면 그건 그것대로 기쁘다. 그러나 그건 어디까지나 결과론이다.

'나의 소중한 사람들이 원하는 것은 뭘까? 어떻게 하면 그 사람들에게 도움이 될 수 있을까?' 항상 여기에만 초점을 맞춰 나의 에너지를 집중하려고 노력한다. 책을 쓰는 일을 시작하면서 요즘 특히 더 실감하는 것인데, 너무 많은 사람을 대상으로 글을 쓰려고 하면 내가 무슨 말을 하고 싶은 것인지 헷갈릴 때가 종종 있다.

예를 들어 주부를 대상으로 쓸 건지, 비즈니스 퍼슨을 대상으로 쓸 것인지에 따라 주제는 크게 달라진다. 나처럼 미완성형 인간은 사업뿐 아니라 책을 쓸 때도 욕심을 내면 꼭 실패한다. 그래서 이 책은 인간관계에만 초점을 맞췄다.

나는 항상 책을 쓸 때 1대 다수가 아니라 독자와 저자 1 대 1의 관계라 생각한다. 그래서 지금 이 순간도 당신과 나의 소통의 시간이라 생각한다. 이 책이 당신에게 도움이 됐을 때 비로소 10만 부, 100만 부 이상 팔릴 것이다.

스승의 말처럼 20세기는 규모의 시대였다. 뭐든 크게 확장하고 무조건 글로벌화하는 것이 주류였다. 그러나 시대는 바뀌었다. 과거와 같은 방식을 고수하면 실패하는 것은 당연하다. 시시하다고 생각할지도 모르지만 지금의 시대는 규모가 아니라 충실한 내용이다.

"나의 고객은 누구인가? 그리고 그 사람들은 무엇을 원하고 있는가?" 여기에 초점을 맞춰 그 속을 꽉 채우는 것이 바로 비즈니스에서도 성공의 열쇠가 될 것이다.

날카로운 지적과 진상 짓은 다르다____。

'나의 고객은 누구인가?' 스승의 이야기를 들으면서 이 질문에 대한 답을 곰곰이 생각하다 한 가지 의문이 생겨 스승에게 물었다.

"고객 중에는 진상 고객들도 있지 않습니까? '날카로운 지적을 하는 진상 고객이야말로 보배'라는 식으로 쓴 책들도 있던데, 이런 주장에 대해서는 어떻게 생각하시나요?"

"그건 날카로운 지적을 하는 사람과 진상 고객을 구분하지 않는 것부터가 잘못이라네."

"그렇습니까?"

"그렇지. 물론 손님 중에는 가게를 생각해서 듣기 거북한 지적을 하는 사람도 있지. 그런 손님은 정말 고마운 존재라네. 하지만 진상 고객은 정의가 달라. 별것 아닌 걸 갖고도 직원들이 진이 다 빠질 때까지 컴플레인을 하기도 하고 트집을 잡아 몰아붙이는 사람들이라네."

듣고 보니 둘은 확연히 달랐다.

"가게를 정말 생각해 주는 사람은 일하느라 바쁜 점원을 붙잡아 놓고 컴플레인을 하지는 않지. 말할 타이밍도 배려한다는 말일세. 그런 사람들은 한가할 때 책임자에게 살짝 말할 걸세. 반대로 진상 고객은 애초에 그런 배려심 같은 건 없다네. 그저 자신의 스트레스를 점원의 작은 실수에 폭발해 분풀이하는 거지."

"그런 손님들도 왕이라고 생각을 해야 할까요?"

"그런 사람은 그냥 진상이지."

"그렇군요. 마음이 놓입니다."

리더 수난 시대____。

"이건 조금 다른 이야기인데, 요즘 일본에 왜 리더
가 적다고 생각하나?"

"적은가요? 별로 생각해 본 적은 없습니다. 왜 그런
건가요?"

"그건 말일세. 리더들이 방향을 제시하고 주변 사람
들을 이끌어 가는 역할을 하는 것이 아니라 컴플레인
처리에 내몰리고 있기 때문이라네."

"무슨 말씀이신지 알 것 같습니다."

"그나마 진상 고객은 최악의 경우 출입을 금지시키
면 그만이지만, 만일 함께 일하는 사람 중에 진상이
있으면 그건 피곤한 일이지."

"저도 그런 경험이 많습니다. 진상 직원이 있을 때는 어떡하면 좋을까요?"

"다양한 방법이 있겠지만, 그럴 때일수록 잠시 멈춰서서 '나는 누구와 살아갈 것인가?'를 진지하게 생각해 보게. 자네 가게로 예를 들어 보자고. '진상 직원을 화나게 하면 더 골치 아파지니까 최대한 건드리지 말자'는 선택지를 고르면, 결과적으로 가장 손해를 보는 것은 아마도 열심히 일하는 직원들과 자네 식당에서 즐겁게 식사를 하고 식당을 아끼는 손님들일 걸세."

직원들과 단골손님들……. 항상 나에게 힘이 되어 주는 사람들의 얼굴이 머릿속을 스쳤다.

"이것과 관련된 이야기인데, 얼마 전 TV에서 머리가 갸우뚱해지는 장면을 봤다네. 학교 폭력에 대해 생각해 보는 프로그램이었는데, 거기서 선생님이 학생을 때리면 체벌로 해고되지만, 학생은 선생님에게 손을 대도 문제 삼지 않는다고 하더군."

"그런 경우 선생님은 어떻게 하면 좋을까요?"

"방송에서는 "상대는 미성년자이니 멀리 보고 따뜻하게 지켜봐 주자." "자신의 몸은 스스로 지켜라."라고 하더군. 이게 무슨 말 같지 않은 소리인가?"

맙소사……. 듣는 것만으로도 그런 상황에 처해 있는 선생님들이 안쓰럽게 느껴졌다.

"지금은 정말이지 리더들의 수난 시대라네. 부하들에게 상사가, 학생들에게 선생님들이, 아이들에게 부모가 이런 부당한 취급을 받는다면 어느 누가 리더가 되고 싶겠나?"

강자와 약자를 착각하지 마라＿＿＿。

"그래도 진상 고객과 트러블이 생기면 나중 일이 걱정되기는 합니다. 주변에 나쁜 소문을 퍼뜨리고 다니지 않을까 하는 걱정이요."

"자네가 아껴야 할 사람만 잘 챙기면 걱정할 필요 없네. 대체로 진상 고객 주변에 있는 사람들은 똑같은 진상인 경우가 많다네. 그런 사람들에게 "그 가게 최악이야."라고 말하고 다니면 진상 고객이 오지 않게 미리 홍보해 줬다고 생각하면 되네. 그렇게 하면 좋은 손님들만 남게 될 걸세."

"그렇군요. 합리적이네요. 하지만 그런 사람들도 사회적 약자라는 의견이 있습니다. 자기 마음 좀 알아 달라고 큰소리를 치는 건 아닐까요?"

내가 이렇게 묻자 스승은 다소 강한 어조로 말했다.

"이보게, 아무리 사회적 지위가 약해도 제대로 된 사람이라면 가게에 가서 괜한 트집은 잡지 않네. 상대를 무턱대고 궁지로 몰아넣는 성향을 가진 사람을 약자라고 하지는 않지.

아까도 말했지만 진짜 약자는 손님이 무슨 트집을 잡든 묵묵히 자기 할 일을 하는 직원들과 진상을 부리는 사람을 봐도 변함없이 가게를 응원해 주는 고객들일세. 강자와 약자를 착각하면 안 되네."

진정으로 소중히 해야 할 사람은
누구인가＿＿。

　이 이야기를 듣고 떠오른 일이 있다. 사업을 처음 시작했을 무렵 좋은 팀을 꾸려야겠다 마음먹고 일단 회사 이념을 공유하기 시작한 후 어느 정도 형태를 갖출 때까지 대략 3년 정도 걸렸다. 그 기간 동안 직원들의 표정이 내 매일매일의 가장 큰 걱정거리였다.

　그러다 마음을 하나로 모으기 위해 조례 때 다 함께 회사의 이념을 외치게 한 적이 있다. 이 결정은 유난히 반발이 컸다. 이 결정에 찬성한 직원들은 제시간에 모여 조례에 참여하려 했지만, 반대했던 직원들은 어슬렁어슬렁 나타나 작은 소리로 마지못해 따라 했다.

　'어떻게 해야 열심히 따라 하게 할 수 있을까?' 고민하다가 결국 희망하는 직원들만 모아 놓고 조용히 조례를 하기로 했다. 지금 돌이켜 보면 다 같이 잘해 보자고 하는 조례를 몰래 하듯 했으니 조례의 본래 취지에서는 완전히 벗어나 있었다. 당시의 나로서는 이 방법이 최선이었다.

그렇게 소리 소문 없이 조례를 하자 이번에는 "우리는 필요 없다는 거냐?" "필요 없다고 하면 그만둬야 하나?"라는 말이 터져 나왔다. 사업이 힘들 때 나를 믿고 따라와 준 창업 멤버들에게서 이런 말이 나온 것이다.

"시게 형(나는 직원들에게 줄곧 이렇게 불리고 있다)은 멘탈이 강한 사람과 그렇지 않은 사람 중에서 어느 쪽 속도에 맞춰 가고 싶어?"

"음, 속도가 다 같을 수는 없지. 마음이 단단한 사람도 있고 그렇지 않은 사람도 있으니까."

"그렇지 않은 사람은 누구야?"

"그야 지금 반발하고 있는 쪽이지."

"**아니, 그 반대야. 시게 형의 말을 믿고 불평 한마디 하지 않고 열심히 따르는 직원들이 약자라고. 따르지 않는 직원들은 반발하고 불만을 표시하는 강력한 무기**

를 갖고 있단 말이야. 강자는 그런 사람들이야. 반발하면서 아무것도 하지 않고 자신들의 주장을 관철시키려는 사람들이 멘탈이 강해. 투덜대는 사람들이 생각보다 강하다고. 약자를 아끼고 싶으면 열심히 따르는 직원들에게 초점을 맞춰서 가야 해."

이 한마디에 나의 고민은 말끔히 사라졌다.

"우리는 흔들림 없이 앞으로 나아갈 거야. 이게 싫으면 하지 않아도 좋아."

반발하는 직원들에게 이렇게 선언하자 그 직원들도 자연스럽게 참여하게 됐고 마지못해 큰소리로 외치기 시작했다.

그러고 보면 리더와 부하는 부모 자식 사이와 많이 닮았다. 버릇없는 아이도 부모가 참을성을 가지고 대하면 태도를 바꾼다. 원래 그런 것이다. 이는 일종의 '밀당'이라고 생각한다. 《해님과 바람》에서처럼 밀당이 잘되면 무슨 말이 필요하겠는가? 혹시 그렇게 해도 안 된다면 리더는 어느 정도 정면 돌파할 수 있는 강인함을 갖추고 있어야 한다. 이런 생각을 하는 내게 스승은 이렇게 말했다.

"자네가 지켜야 할 사람들은 어떤 어려움 속에서도 자네를 믿고 따라와 준 사람들이라네. 그런 소중한 사람들이 쓸데없이 머리 숙이는 일이 없게 하기 위해서라도 누가 봐도 불합리한 사람에게는 단호한 태도를 취하는 강인함을 갖는 것이 중요하다네."

나는 누구와 살아갈 것인가? 앞선 해프닝은 이 질문에 대해 고민하는 하나의 큰 계기가 됐다.

누군가가 불편한 것은
당신의 탓이 아니다＿＿。

"일할 때도 그렇고 살아가면서 싫어하는 사람을 만났을 때는 어떡하면 좋을까요?"

"좋은 질문일세. 착하거나 남을 지나치게 배려하는 사람일수록 타인을 싫어하는 것에 큰 부담을 느끼지. 앞으로 자네가 그런 사람을 만나면 내가 지금 하는 말 그대로 전해 주게."

"네, 그렇게 하겠습니다."

신기하게도 난 누군가에게 뭔가를 전달해야 한다고 생각하면 집중력이 올라간다.

"분명히 말하는데 '누군가를 싫어하는 것은 나쁜 것'이라는 죄책감은 필요 없네. 무의식적으로 그런 죄책감을 가지고 자신의 싫은 감정을 인정하지 못하는 것은 이제 그만두게."

"좋고 싫고가 분명해도 된다는 말씀이신가요?"

"된다 안 된다의 문제가 아니고 이건 당연한 걸세."

"그렇군요."

"이런 사람들은 직장이나 학교에서 싫어하는 사람의 얼굴을 매일 꼭 마주쳐야 하는 상황이 되면 상대가 자신의 마음을 눈치채지 못하게 겉으로는 애써 웃는 얼굴로 대하고 있을 걸세.

그러다가 상대의 마음에 들기라도 하면 그건 그것대로 큰일 아닌가? 본인은 싫은데 상대는 자신을 좋아하는 원치 않는 관계가 돼 버리는 걸세. 그렇게 되면 자신의 싫은 감정을 숨기면서 계속 그 상대와 같이 다녀야 하는 가혹한 상황이 이어질 텐데, 얼마나 괴롭겠나?"

"정말 괴롭겠네요."

"모든 사람과 잘 지내야겠다고 생각하는 사람일수록 이런 상황을 스스로 초래하는 경향이 있네. 그런 상황이 되면 상대는 내가 어떻게 생각하는지 알 턱이 없으니 점점 더 구둣발로 밀고 들어와 마구 짓밟겠지. 이런 상황이 되면 얼마나 더 상처를 받겠나?"

"그럼 그럴 때는 어떡하면 좋을까요?"

"그게 바로 내 수업에서 가장 전하고 싶은 것 중 하나라네. 싫어하는 사람에게 쓸 시간을 줄이는 방법은 하나밖에 없어. 좋아하는 사람과 좋아하는 일에 쓰는 시간을 지금의 몇 배로 늘리는 걸세. 좋아하는 사람과 보내는 시간을 늘리면 필연적으로 싫어하는 상대와 함께하고, 그 사람 때문에 고민하는 시간도 사라질 걸세."

"그렇겠군요. 시간은 유한하니까요."

"그렇지. 그렇게 정해 두면 싫어하는 상대가 뭔가를 같이 하자고 했을 때 거짓말을 하거나 둘러댈 필요 없이 "지금 바빠.""나 그날 약속 있어."라며 수첩까지 보여 주면서 마치 미안하다는 듯이 거절할 수 있는 대의명분이 생기는 걸세.

다시 말해 자기가 좋아하는 사람, 계속 만나고 싶은 사람과 최대한 시간을 같이 보내면 싫어하는 사람이 비집고 들어올 틈이 없어지지. 그렇게 하면 자신의 마음을 속이거나 상대를 신경 쓰면서 안절부절못할 일이 사라질 걸세. 아무도 상처받지 않기 때문에 정신적으로도 시간적으로도 매우 효율적인 방법이라네."

예를 들어,

- 당신이 마음 편하게 이야기를 나눌 수 있는 친구와의 시간을 늘린다.
- 당신을 격려해 주는 사람과의 시간을 늘린다.
- 마주하는 것만으로도 시간 가는 줄 모를 일에 평소보다 더 많은 시간을 할애한다.
- 생각만 해도 행복해지는 일에 더 많은 시간을 쓴다.

지금 싫어하는 사람 때문에 고민이라면 시간을 쓰는 방식을 바꿔 보라. 그럼 바로 해결될 것이다.

"그러기 위해서는 먼저 자기가 좋아하는 사람과 좋아하는 것, 싫어하는 사람을 자기 안에서 분명히 할 필요가 있다네. 나는 누구와 함께 있고 싶고 누구와는 함께하고 싶지 않은지를 분명히 하지 않으면 이런 상황에서 벗어나지 못하고 계속 허우적거리게 될 걸세."

우리는 어릴 적부터 '좋아하는 사람, 싫어하는 사람 가리지 말고 다 친하게 지내야 한다'는 말을 듣고 자라다 보니 이런 일은 누구나 한두 번쯤은 경험해 봤을 것이다.

"한 번 더 말하지. 누군가를 싫어하는 감정은 나쁜 것이 아닐세. 감정이 있는 사람이라면 오히려 당연한 거지. 문제는 그 대처법이라네. 그런 자신을 스스로 인정하고 자기가 좋아하는 사람이 누구인지 정확히 알고 소중히 하는 것이 좋은 인생을 살아가는 데 가장 중요하기 때문에 이렇게 강조하는 걸세."

3장

소중한 사람에게
시간을 쓰고 있습니까?＿＿。

"꽤 많은 사람이 이런 고민을 하고 있을 것 같으니
조금 더 이야기해도 되겠나?"

"물론입니다."

"당연한 이야기지만, 사람은 기본적으로는 매 순간
하나밖에 볼 수 없는 존재 아닌가?"

"네, 그렇죠."

"재미있는 책에 빠져 있을 때, 눈앞에 장대하게 펼
쳐진 장관에 감동받으면서 굳이 업무 스케줄을 떠올
리지는 않지. 그렇다는 것은 **싫어하는 사람을 생각하
거나 그 사람 때문에 고민하는 시간에 자신이 좋아하는
사람, 소중한 사람을 잊고 있다는 이야기가 되니 이 얼**

마나 아까운 일인가? 이렇게 생각하면 지금까지 싫어하는 사람 때문에 정말 많은 시간을 허비한 셈이 되는 걸세."

듣고 보니 그랬다. 매우 아까운 일이다.

"'이치고 이치에 一期一会'라는 말을 들어 본 적이 있을 걸세. 자네도 알겠지만 이 말은 '일생에 한 번뿐인 인연일 수 있으니 지금 눈앞에 있는 사람을 소중히 하라'는 뜻일세. 하지만 만나는 모든 사람을 소중히 하는 것은 아무리 생각해도 불가능하네. 애초에 만나는 모든 사람이 좋은 사람일 리 없는 데다 소중히 하고 싶은 사람이란 법도 없지 않은가?"

우리에게 주어진 시간이 유한한 것은 분명하다. 게다가 우린 신이 아니다. 모든 사람에게 똑같이 웃는 얼굴로 대하며 이야기를 들어주고 마음을 줄 수 없다.

"자기 일만으로도 바쁜 요즘 같은 세상에 만나는 사람들을 한 사람 한 사람 차별 없이 소중히 하기 위해 시간을 내는 것은 물리적으로도 불가능하지. 그래서 소중히 하고 싶은 사람인지 아닌지를 스스로 분명하게 판단해야 하는 걸세. 그런 다음 싫어하는 사람, 껄끄러운 사람과 함께하지 않는 선택을 해야 하네. 시간은 자신과 자신의 소중한 사람을 위해 존재하는 것이니 말일세."

'시간은 자신과 소중한 사람을 위해 존재한다.'
이 말과 시간의 소중함을 절실히 느끼는 순간이었다.

"요즘은 겉만 번지르르하게 말하는 사람들이 너무 많아. "싫어하는 사람은 당신을 성장시키기 위해 존재한다." "어떤 상대라도 배울 점이 있다."와 같은 말을 하는 사람도 있던데, 그것은 남의 일일 때나 할 수 있는 말이지."

나도 그런 말을 많이 들어온 데다 다른 사람들에게 그렇게 말한 적도 여러 번 있던 터라 스승의 말을 들으면서 민망해졌다.

"백 보 양보해서 그런 일을 당한 사람이 그렇게 말하

는 건 괜찮네. 하지만 지금 안 좋은 일을 겪고 있는 사람한테 타인이 그렇게 말하는 것은 그 사람에게 계속 당하라는 것과 무엇이 다른가? 나는 그렇게 잔인한 말은 하고 싶지 않네. 나는 싫으면 계속 도망가라고 할 걸세. 싫어하는 사람 때문에 잠도 못 자면서 고민하고 에너지를 낭비할 필요는 전혀 없네."

스승의 말은 항상 현실적이다. 그래서 더 가슴에 와 닿는다. 스승은 궁지에 몰려 있는 사람을 더 괴롭히는 그럴싸한 미사여구를 늘어놓는 사람들에게 크게 분노하고 있을 것이다. 스승은 그런 따뜻한 사람이다.

"내가 이렇게 말하면 '일 때문에 어쩔 수 없다'든가 '관계가 얽혀 있어서 참아야 한다'는 식으로 말하는 사람이 있는데, 그런 사람들에게는 "일이나 얽혀 있는 관계가 당신 목숨이나 인생보다 소중합니까?"라고 묻고 싶어진다네. 도망치지 못해 자기 인생이 망가지면 그땐 어쩔 텐가?"

스승의 열기에 압도되어 아무 말도 할 수 없었다.

"미안하네. 내가 좀 흥분했군."

"괜찮습니다. 중요한 이야기이니 계속하시죠."

'무엇을 할지'보다
'누구와 할지'가 중요하다_____。

잠시 쉬면서 진정이 되자 스승은 이야기를 다시 시작했다.

"게다가 나는 잠도 못 자고 고민했는데 상대는 코까지 골면서 잠만 잘 잔다면 그것도 부아가 치밀지 않겠는가?"

"하하, 재미있는 지적이시네요."

좀 전까지 열을 올리던 스승의 모습과 사뭇 달라 나도 모르게 웃음이 터져 나왔다. 스승은 말을 계속 이었다.

"자신의 시간과 에너지는 더 소중한 사람을 위해 써야 하네. 자기가 소중히 하고 싶은 상대에게 최선을 다하잔 말일세. 이건 그리 어려운 일이 아니네."

"네, 좋아하는 사람이 기뻐해 주면 얼마든지 힘을 낼 수 있죠."

"남을 걱정해 주는 것은 멋진 일이야. 하지만 그에 못지않게 자신이 행복해지기 위해서는 어떻게 하면 좋을지 더 진지하게 생각해 봐야 하네. 사람들은 자신이 행복하고 여유가 있을 때 타인의 행복을 생각할 수 있다네. 반대로 자신이 불행하다고 느낄 때는 주변 사람들을 생각할 여력이 없을 뿐 아니라 타인의 행복을 받아들이기 힘들지."

"맞는 말씀입니다. 행복하지 않을 때는 괜히 남한테 분풀이를 하기도 하고요. 저도 반성합니다."

"그건 다 마찬가지라네. 그래서 더더욱 스스로 여유와 행복감을 가지는 것이 중요하지. 나의 행복은 주변 사람들의 행복으로도 이어진다네. 그러니까 자네가 뭘 하든 좋아하는 사람과 함께하면 되는 걸세. 좋아하는 사람과 함께 있기만 해도 자연스럽게 긍정적으로 변하고 자신의 퍼포먼스가 저절로 좋아지니 이보다 쉬운 방법이 또 어디 있겠나?"

확실히 같은 일을 하더라도 좋아하는 사람과 할 때와 싫어하는 사람과 할 때는 동기 부여부터가 전혀 다르다. 그렇다 보니 좋아하는 사람, 존경하는 사람, 소중히 하고 싶은 사람과 함께 하기만 해도 퍼포먼스는 쉽게 좋아진다.

'무엇을 할지'도 중요하지만 그 이상으로 중요한 것은 '누구와 할지'다.

"사람은 진심으로 자기편이 돼 주는 사람이 몇 명만 있으면 안심하고 앞으로 나아갈 수 있네. 반대로 주변에 인맥이라 할 수 있는 인간관계가 있어도 그 관계가 진짜가 아니면 아무리 시간이 지나도 안심할 수 없다네."

"몇 명인지는 중요하지 않군요."

"그렇지. 적어도 상관없네. 수보다 중요한 건 깊이야. 자네가 진심으로 상대를 소중히 하면 그 사람은 자네를 좋아하게 될 걸세. 좋아하고 싫어하는 사람의 감정은 이론이나 조건으로는 설명할 수 없네. 진심으로 자네를 소중하게 생각하는 사람은 자네가 모든 것을 잃어도 변함없이 곁에 있어 줄 걸세."

이 이야기를 마무리하면서 스승은 진지한 표정으로
말했다.

밑바닥에서도 곁에 있어 줄 사람이
있는가＿＿＿。

'지금 내가 모든 걸 잃는다면 과연 누가 내 곁에 있어 줄까?' 스승과의 대화 녹취를 문장으로 옮기면서 이런 상상을 해 봤다.

2022년, 나는 작가라는 직업에 정착했고 감사하게도 독자가 늘었다. 이는 21년 전 창업 당시로 돌아가 생각해 보면 믿을 수 없는 일이다. 타임머신을 타고 당시의 나에게 가서 "너는 미래에 이렇게 될 거야."라고 말해 줘도 절대 믿지 못할 정도로 상상을 초월한 미래인 지금, 내가 있다.

처음에는 다코야키 노점으로 시작했다. 21년 전 다코야키 노점을 시작했을 때는 정말 아무것도 없었다.

그랬던 내가 여기까지 온 것이다. 나는 모든 것을 잃고 빈털터리가 돼도 다시 다코야키 노점을 하면 된다. 이건 솔직한 심정이다. 그때와 다른 점이 있다면 아마도 여태까지 만들어 온 인연이 있다는 점일 것이다.

"시게 형, 다 잃으면 밑바닥에서부터 다시 시작하면 되죠."라고 웃으면서 말해 주는 직원과 동료가 곁에 있다. 그렇게 생각하면 그 무렵처럼 완전한 빈털터리는 아니다. 물론 힘들 때도 많았고 실패투성이였다. 인맥이라는 말에 의존할 뻔했던 시절이 있었던 것도 부정하지 않는다. 하지만 스승의 가르침에 따라 도망치지 않고 한 걸음 한 걸음 나아갔다는 자부심만은 있다. 그런 여정 속에서 스승에게 들었던 인간관계에 관한 이야기와 인연이 돼 준 사람들은 내 인생의 보물이다.

"도망치지 않고 폼 잡지 않고 허세 부리지 않고 진심으로 좋아하는 사람들과 지금 해야 할 일을 한다."

간단하지만 이렇게만 하면 누구나 자신감과 보물을 손에 넣을 수 있다. 나는 지금 그렇게 확신하고 있다.

4장

좋은 사람은
좋은 사람을
끌어당긴다

바라기만 해서는
이루어지지 않는다＿＿。

"다양한 인간관계에 대해 이야기를 했는데, 사람은 아무래도 좋은 사람을 만나면 기쁘지."

"네, 솔직히 동료든 고객이든 좋은 사람만 와 주면 좋겠습니다. 하지만 그런 사람들만 모일 만큼 세상은 단순하지 않죠."

"아니, 단순하다네. 자네도 포함해 많은 사람이 너무 어렵게 생각하는 것뿐일세."

스승은 가벼운 어조로 말했다.

"그렇습니까? 쉬운 방법이 있으면 꼭 좀 가르쳐 주

십시오.”

“간단하네. 그건 처음부터 진정한 의미의 ‘끌어당김의 법칙’을 알아 두면 된다네.”

“끌어당김의 법칙이요? ‘간절히 원하면 이루어진다’는 법칙 말입니까?”

“그렇지. 그렇기는 한데, 그리 동화적이지 않고 좀 더 현실적이라네.”

“그렇습니까? 저는 그런 류의 이야기인가 했습니다.”

“원래 끌어당김의 법칙은 알려진 것보다 더 깊은 뜻이 있다네. 이 법칙의 본래 뜻은 잔혹하다 싶을 정도로 이 세상 모든 인간관계에 해당되니 잘 알아 둬서 손해 볼 일은 없을 걸세.”

- 진정한 진화는 안에서 밖으로 번져 간다.
- 먼 곳이 아니라 지금 눈앞에 있는 사람들을 소중히 하라.
- 누구와 일할지 명확히 하라.

이 세 가지 주제에 이어 네 번째 큰 주제다.

“끌어당김의 법칙이 ‘간절히 원하면 이루어지는 법칙’이냐고 했지?”

"네, 그렇게 알고 있는데 아닌가요?"

"그럼 자네 주변에 이 법칙대로 간절히 원해서 소원을 이룬 사람이 어느 정도 되나?

"글쎄요. 그렇게 많지는 않은 것 같습니다."

"그것도 진정한 의미의 끌어당김의 법칙 때문이라네."

"그게 무슨 뜻이죠?"

"예를 들어 자네가 지금부터 피아노를 배우기로 마음먹었다고 생각해 보세. 그럼 자네는 어떻게 해야겠나?"

"피아노 연습을 해야죠."

"그럼 잘 치기 위해서는 어떻게 해야 하나?"

"매일 열심히 연습해야겠죠."

"그렇지. 꿈은 '간절히 원하면 이루어지는 것'이 아니라 '간절히 원하면서 계속 노력을 해야 이루어지는 것'이라네. 맨날 뒹굴뒹굴하면서 원하기만 한다고 피아노 실력이 늘 리가 없지 않은가?"

"그야 그렇죠."

"끌어당김의 법칙은 '파장의 법칙'이라고도 할 수 있네. 또 마음이 잘 맞는 사람들끼리 모인다는 뜻의 '유유상종'이라는 사자성어가 있지 않은가?"

"네, 그 말은 알고 있습니다."

"이 사자성어는 비슷한 수준의 사람이나 사물은 서로 끌어당긴다는 의미일세."

"수준이 있나요?"

"물론 있지. 아파트나 차의 가격도 천차만별 아닌가? 이것도 수준이라는 것이 있기 때문이라네. 사람에게도 수준이라는 것이 있어. 일, 가정, 친구, 사고방식 등 다양한 것을 종합한 것을 '인간력'이라고 하는데, 거기에도 모두 수준이 있네. 사람은 대체로 비슷한 위치나 지위에 있는 사람과 만나게 돼 있어. 빌딩 1층에 살면 같은 1층 사람을 만나고 펜트하우스에 살면 거기 사는 사람들을 만나듯이 말일세."

"그렇군요."

"좀 더 알기 쉽게 말하면 호텔 룸에도 일반 객실과 스위트룸이 있는 것처럼 사람도 사회적 지위나 경제력에 따라 층이 나뉘는 경향이 있네."

"확실히 호텔은 요금에 따라 나뉘어 있죠."

"그렇다네. 평소에는 별로 느끼지 못하지만 실은 인간 사회는 어디든 등급이 나누어져 있어. 특히나 자본주의 국가에서는."

사람의 등급을 나누는 기준＿＿＿。

"사람은 경제 수준이 비슷한 사람들끼리 모인다는 말씀이신가요?"

"음, 그런 경향이 없지는 않지만 실은 그보다 더 중요한 것이 있다네."

"뭔가요?"

"그건 말일세, 그 사람의 사고방식과 자세라네."

"내면이 더 중요하다는 말씀이신가요?"

"그렇지. 원래 사람은 마음에 따라 움직이는 생물일세. 행동의 엔진에 해당하는 마음은 내면에 있어 잘 보이지 않지만 결국 사람은 자신과 사고방식이나 가치관 그리고 사물을 대하는 자세가 비슷한 사람과 오래 함께

걸어가게 돼 있네."

듣고 보니 분명 일리가 있었다.

"개를 좋아하는 사람은 개를 좋아하는 사람과 사이가 좋아지고, 남의 험담을 좋아하는 사람은 자기와 비슷한 성향의 사람과 어울리게 돼 있지. 밝고 남 칭찬하기를 좋아하는 사람과 항상 남의 욕을 입에 달고 사는 사람은 함께할 수 없다네. 아무리 경제적인 수준이 비슷해도 말일세."

"그렇겠군요."

"그래서 열심히 사는 사람은 열심히 노력하는 사람과 만나고, 꿈만 꾸면서 아무것도 하지 않는 사람은 비슷한 사람을 만나 "이렇게 되면 좋겠다!"라는 말만 서로 하면서 시간을 낭비하기 십상이지. 결국 같은 수준의 사람이나 사물밖에는 만날 수 없는 걸세."

"사물도 해당되나요?"

"물론이지. 자네는 어떤 집에 살면서 어떤 차를 몰고 싶은가?"

"욕심 같아서야 경치가 아름다운 좋은 집에 살고 싶고, 할 수만 있다면 고급 차를 타고 싶습니다."

당시 나는 10만 엔(약 90만 원)에 산 승합차를 타고
다녔다.

"지금은 어렵겠군."

"네, 아쉽지만 그렇습니다."

"그럼 어떡하면 실현될 것 같나?"

"그걸 손에 넣을 수 있는 데까지 올라가면 가능할까
요?"

"그래, 바로 그거라네!"

평소에는 매우 온화하게 말하는 스승의 목소리에
갑자기 힘이 들어가서 순간 놀랐다.

복권 1등 당첨자는
왜 대부분 불행할까?＿＿＿。

"사람한테는 현재의 자신에게 어울리는 일들이 현상으로 나타난다네. 그건 사물도 마찬가지야. 그런데 살다 보면 엄청난 행운이 찾아올 때도 있지."

"어떤 경우인가요?"

"예를 들면 복권에 당첨되거나 별로 노력도 하지 않았는데 갑자기 좋은 제안이 들어오는 경우라네. 그런데 이건 다 함정 같은 걸세."

"그런가요? 저는 그런 사람들을 볼 때마다 부러웠거든요."

"이건 끌어당김의 법칙이라는 관점에서 보면 전혀 부러워할 일이 아닐세. 복권 1등 당첨자 대부분은 불행해졌다는 데이터도 있지 않은가?"

"네, 들은 적은 있습니다."

"그건 당첨 금액이 그들의 분수에 맞지 않거나 분수를 훨씬 뛰어넘는 수준이었기 때문이라네. 그래서 한 푼도 남지 않고 원래 자신의 처지로 돌아가는 걸세. 그나마 원래대로 돌아가면 다행인데 더 아래로 추락하는 경우도 적지 않지."

"그렇게 생각하면 굴러들어온 떡이 무서운 거네요."

"그렇지. 그런 현상은 실은 기회의 얼굴을 한 위기라네."

스승의 말을 듣고 나니 복권에 당첨된 사람들은 부러움의 대상이 아니라 운이 나빠서 굳이 가시밭길을 선택하게 된 도전자처럼 느껴지기까지 했다.

"나머지 극히 일부 당첨자들의 인생이 망가지지 않은 이유는 뭔가요?"

"좋은 질문이네. 그건 그런 큰돈을 손에 쥐고도 정신적으로 흔들리지 않았기 때문일 걸세. 그게 아니면 그 정도의 돈, 혹은 그 이상의 돈을 이미 갖고 있었거나. 이런 사람들은 자산이 조금 더 늘어난 것뿐이기 때문에 일상이 달라지지 않는다네. 이미 그 단계에 있었던 사람들이니 끌어당김의 법칙이 작용한 거지. **이 법칙은 인간관계뿐 아니라 이렇게 경제적인 풍요로움에도 적용이 되네. 그래서 좋은 사람을 만나고 싶고 풍요로운 삶을 살고 싶으면 그 수준까지 올라가는 것이 가장 빠른 길이라는 걸세."**

"아……, 질문이 있는데요."

"해 보게."

"예를 들어 부모가 부자거나 결혼 상대가 부자인 경우는 그 수준에 오른 것으로 봐도 무방한가요?"

"질문이 날카로워졌군."

"아, 감사합니다. 그냥 의문이 들어서요."

"그런 환경에 놓이게 됐을 때, 즉 멋진 사람과 연이 닿았을 때야말로 마음을 다해 자신을 갈고닦지 않으면 결국 모든 것을 잃게 될 걸세. 끌어당김의 법칙은 자신의 것일 때만 적용된다네."

"주변 사람들의 혜택은 받을 수 없다는 말씀이신가요?"

"엄밀히 말하면 그렇다네. 운 좋게 그런 사람과 결혼하거나 친구가 돼도 그 풍요로움은 타인이 만든 것이니 그에 맞는 사람이 되지 않으면 결국은 상대에

의존하게 되고 상대에게 모든 걸 맡기는 인생이 돼 버리지. 부잣집 애들이 부모가 이룬 재산을 모두 탕진하는 경우가 있지 않나?

이 밖에도 지위가 높은 사람과 가깝게 지낸다고 자신도 마치 대단한 사람이나 된 양 우쭐대다 주변 사람들이 다 떠나 버리는 경우도 자신의 분수에 맞는 끌어당김의 법칙이 작용한 결과라네."

"자기 분수에 맞는 사람, 사물, 돈, 현상이 따라다니는 것이 끌어당김의 법칙이라는 말씀이시군요."

"그렇지. 그래서 잔혹하다고 하지 않았나? 이 세상은 결국 스스로 어떻게 살아가느냐로 결정된다네. 그 자세에 걸맞은 일이 일어나는 것뿐이지. 이렇게 생각하면 심플하지 않나?"

"네, 정말 그러네요."

산 정상은 언제나 좁다＿＿＿。

"그래서 성과를 낸 사람이나 잘사는 사람을 부러워
만 하거나 비판해서는 안 되네. 그럴 시간이 있으면
조금이라도 자신의 위치를 높이는 데 시간을 쓰는 게
훨씬 낫지."

"그 말씀은 당장 닥친 일을 스스로 해결하라는 말씀
이시죠?"

"그렇지. 그래서 오늘 아침에 자네에게 만남에만 매
달리지 말라고 한 걸세. 그것보다 자네는 아직 해야
할 일이 많지 않은가? 그런데 그건 하지 않고 높은 사
람만 만나러 다니면 돈과 시간만 낭비하고 결국은 그
저 자기만족으로 끝날 걸세. 이제 막 사업을 시작한

젊은 자네에게는 귀가 따가운 이야기였을지 모르지만, 이건 매우 중요한 포인트라네."

"깨우쳐 주셔서 감사합니다."

솔직한 심정이었다.

"아닐세. 선배로서 당연히 할 말을 한 거지. 그리고 만일 자네가 그런 사람들과 만나서 혹시라도 달콤한 경험을 했다면 '다른 사람한테 기대면 어떻게든 된다' 는 의존증이 생길 걸세. 그 버릇은 쉽게 고쳐지지 않는데 일찌감치 깨달아서 다행이네."

다행인 정도가 아니다. 나는 무척 운이 좋았다고 생각한다.

"여러 번 강조했듯이 자신의 길에 자긍심을 갖고 한 걸음 한 걸음 나아가면 되네. **아무리 산이 높아 보여도 한 걸음 한 걸음 나아가면 반드시 정상에 다다르게 돼 있어. 정상 부근은 좁기 때문에 다른 분야의 정상에서 자신의 길을 묵묵히 걸어온 사람들과 쉽게 만나게 돼 있다네. 원하든 원하지 않든 말일세."**

스승의 말대로 산은 정상에 가까울수록 좁아진다. 길은 위로 갈수록 다 만날 수 있게 되어 있으니 당연히 그 부근에 있는 사람들과 마주칠 가능성이 커지는 것은 분명하다.

"산기슭에서 정상에 있는 사람들을 향해 아무리 소리쳐도 그 사람들에게는 닿지 않는다네. 단, 그 사람들이 자네를 알아보게 하는 방법은 하나 있지."

"처음에 가르쳐 주신, 스스로 열심히 오르는 모습을 보여 주는 거죠?"

"그렇지. 정상에 오른 사람들은 과거의 자신처럼 열심히 오르려고 노력하는 사람을 도와주고 싶어 한다네."

어떤 '나'로 살아갈 것인가____。

"어떤 길이라도 좋네. 그게 다코야키 노점이든 술집이든 책이든 컨설팅이든 뭐든 상관없네. 자네가 할 일을 똑 부러지게 하면서 자신의 길을 걸어가게. 그럼 그 세계에서 자네의 위치는 반드시 올라가게 돼 있어. 자네가 연예인이 되든 큰 회사 사장이 되든 혹은 생선 가게나 채소 가게 사장이 되든 전혀 상관없네. 정상에 있는 사람들은 그저 그 위치까지 오른 자로서 자네를 맞아 줄 걸세. 언뜻 보면 먼 길을 돌아간 것처럼 보여도 그게 실은 가장 빠른 지름길이라네."

맞는 말이다.

"아무리 유명한 사람을 만나도 그건 어디까지나 그 사람의 길이라네. 아무리 동경해도 자네가 그 길을 걷는 것은 불가능해. 자네는 자네가 해야 할 일을 하면서 자네의 길을 걸어가게. 그럼 점점 위로 올라가 결국에는 반드시 정상에 이르게 될 걸세."

"제 길이요? 좋네요. 그런 길을 걷고 싶습니다."

"먼 옛날 센노리큐千利休*라는 차의 달인이 있었는데, 다이묘大名**들도 가르침을 받으러 왔다는군. 그때 센노리큐는 깊이 있는 좋은 이야기를 했다고 하네. 물론 그는 차 이야기밖에는 할 줄 몰랐지. 하지만 하나를 깊숙이 파고들고 또 파고들면 그게 차가 됐든 요리가 됐든 사람들이 감명을 받을 깊이 있는 이야기가 가능해진다는 걸세."

"어떤 분야든 말입니까?"

"그렇다네. 한 우물을 깊게 파면 어느 날 큰 회사의 사장이 이야기를 들으러 올 정도가 된다는 거지. 내 말 했지 않나? 위로 갈수록 길은 만나게 돼 있다고. 어떤

---

* 1522~1591, 일본 센고쿠(戰國)시대와 아즈치·모모야마(安土桃山)시대에 살았던 다도인이자 상인_옮긴이주

** 일본 헤이안(平安)시대 말기에서 중세에 걸쳐 많은 영토를 기반으로 절대적인 영향력을 행사했던 봉건 영주_옮긴이주

세계든 괜찮네. 처음에는 가는 길이 달라도 자신의 길을 계속 가다 보면 모두 산 정상에서 만날 수 있다네."

내가 매우 좋아하는 저명인이나 동경하는 저자들의 얼굴이 떠오르자 나도 모르게 미소가 번져 나왔다. 자중하자. 난 상상력 하나는 좋은 편이다.

"자네에게는 자네의 길이 있고 자네만의 오르는 방식이 있을 걸세. 그러니 굳이 다른 사람들을 만나러 가서 이야기를 들을 시간에 먼저 스스로 정상에 올라 그 뒤를 따라 오르는 사람들에게 오르는 법을 가르치면 되지 않겠나?"

언젠가 꼭 그렇게 되고 싶다. 진심이다.

"지금까지 여러 번 "자네는 누구와 살아갈 것인가?"라는 질문을 해 왔네. 끌어당김의 원리에 대해서도 이야기했지만, 어떤 사람과 살아갈지에 대해 깊이 고민하다 보면 결국은 '어떤 자신으로 살아갈 것인가?'라는 삶의 자세에 대한 고민으로 되돌아오게 될 걸세."
"사람은 자신에게 맞는 사람과 함께 걸어가게 돼 있

고, 누구와 살아갈지는 결국 어떤 자신으로 살아갈지의 문제라는 말씀이시군요."

"그렇다네. 아무리 멋있는 사람과 만나도 있는 곳이 너무 다르면 유감스럽지만 깊은 인연으로는 이어지지 않는다네. 꼭 그 사람들과 깊은 인연으로 이어지고 싶다면 그에 걸맞은 자신이 되는 것이 지름길일세."

사람은 누구나 끌어당김의 법칙 속에서 살아가고 있다. 그렇기에 사람은 같은 위치에 있는 사람들과 만나 인연을 맺게 된다. 즉 "어떤 인연을 만들어 갈 것인가?"라는 고민은 결국 "어떤 자신이 될 것인가?"로 귀결되는 것이다.

관계를 지속할 수 없는 이유＿＿。

"그렇게 생각하면 우리는 모두 '끌어당김의 법칙' 속에서 살아가고 있는 거군요. 이제 무슨 말씀이신지 이해가 됩니다."

"이건 모든 사람에게 적용되는 걸세. 그리고 끌어당김의 법칙을 항상 따라다니는 또 하나의 법칙이 있다는 걸 꼭 기억하게."

항상 따라다니는 법칙이라니, 과연 무엇일까?

"그건 바로 '헤어짐의 법칙'이라네. 조금 무거운 주제지만 알아 두는 게 좋을 걸세."

"헤어짐이 오게 된다는 말씀이신가요?"

"그렇다네. 사람은 성장할 때마다 위치가 달라지는데, 유감스럽지만 그때까지 함께했던 모든 사람이 같이 그 위치로 갈 수는 없지 않은가? 아무래도 거리가 벌어지게 되지. 그럴 때 헤어짐이 찾아온다네."

'그렇구나. 맞는 말이다. 그래서 항상 따라다니는 거구나……'

"이 법칙은 자네 스스로에게 적용해 보면 잘 보일 걸세. 잠시 되돌아보게. 싸운 적도 없고 특별히 싫은 것도 아닌데 어쩌다 보니 소원해진 친구는 없나?"

"있습니다."

"어쩌다 그리됐나?"

돌이켜 보니 공통점이 보이기 시작했다. 사는 곳이 달라지거나 진학을 하거나 회사가 바뀌는 등 뭔가 변화가 생길 때마다 꼭 이런 일이 생겼다.

"그랬을 걸세. 얼굴을 마주하거나 같이 시간을 보내는 물리적인 접점이 사라지면 인간관계는 자연스럽게 바뀐다네. 예를 들어 유치원 때 사이가 좋았던 친구와 어른이 된 지금도 매일 함께 노는 경우는 드물지 않나? 서로의 환경이 바뀌면 자연스레 다른 길을 가게 되는 건 당연한 이치라네."

"듣고 보니 정말 그러네요."

"그런데 이건 아이에서 어른이 되는 과정에서만 일어날 수 있는 현상은 아니라네. 어른이 돼서도 이직을 하거나 새로운 일을 시작한 것을 계기로 헤어지게 되는 경우가 적지 않지. **사람이 어떤 형태로든 진화할 때 인간관계가 바뀌는 것은 어쩌면 당연한 일이니 잘 기억해 두게.** 이건 반드시 일어나게 돼 있네."

"그렇군요."

"지금까지 함께 걸어온 친구나 동료와 서로 다른 길을 가게 돼도 그건 어쩔 수 없는 일이야. 그 순간은 뭐라 표현할 수 없는 외로움을 느낄 걸세. 고독을 느낄 수도 있고."

"외롭고 괴롭습니다. 가능하면 헤어지고 싶지 않습니다."

"자네 말대로 헤어짐은 괴롭지. 하지만 그런 순간이 오면 끌어당김의 법칙이 자네를 도와줄 걸세. 그 외로움을 이기고 앞으로 나아가면 거기에는 같은 생각과 같은 가치관을 가진 사람들과의 만남이 반드시 기다리고 있다네. 그리고 거기서 다시 새로운 인간관계의 드라마가 시작될 걸세."

헤어짐은 만남의 시작이다＿＿＿。

"만약 지금까지 제 주변에 있던 사람이 그 장소에 맞지 않거나 반대할 때는 어떻게 하면 좋을까요?"

"어쩔 수 없지."

"다른 방법은 없나요?"

"없어, 이것만큼은 정말 어쩔 도리가 없네. 어떻게든 해 보고 싶겠지만 그건 무리야. 딱 한 가지 방법이 있다면 그건 자네가 진화를 멈추는 걸세. 하지만 그건 더 어렵지 않은가? 그러니 방법이 없는 게지."

나는 지금까지 다양한 만남과 헤어짐을 반복해 왔다. 그리고 일을 통해 만난 많은 사람들의 고민을 듣다 보니 그들도 비슷한 경험을 하고 있다는 것을 알게 됐고, 거기서 깨달은 바가 있다.

헤어짐의 시기에는 일정한 법칙성이 있다는 것이다. 더 구체적으로 말하면 헤어짐은 종종 인생이 급격히 성장하기 바로 직전에 일어나는 현상이라는 점이다.

만일 앞으로 나아가기로 결심한 당신의 곁을 떠나는 사람이 있다면 그것은 당신의 벡터$_{vector}$*와 그 사람의 벡터가 달라졌을 뿐 누구의 잘못도 아니다.

이때 이미 당신에게는 또 다른 세상이 시작되려 하는 것이니 새로운 세계에 초점을 맞춰 가려는 노력이 중요하다. 만약 그 과정에서 떠나간 사람들이 다른 데가서 뭐라고 하든 그것이 당신의 진로를 방해하지 않는 한 절대 그에 대해 반론하지 않는 것이 좋다. 그러한 저항이나 고난은 새로운 자신의 시작을 알리는 신호이기도 하다는 점을 처음부터 알고 있는 것이 좋다. 이 법칙을 알고 있으면 자신의 마음을 둘 곳이 분명해지고 기분의 균형이 잡힌다. 그것이 매우 중요하다고 나는 생각한다.

다시 한번 강조하고 싶다. '끌어당김의 법칙'과 '헤어짐의 법칙'은 함께 찾아온다. 언뜻 슬프게 느껴질

---

* 크기와 방향으로 정해지는 양_옮긴이주

수도 있지만, 실은 그 덕분에 소중한 사람이 보이기도 한다. 지금까지를 돌아보고 여러분 가까이에 있는 사람을 보기 바란다.

그럼에도 웃으며 함께 있어 준 사람이 없었는가?
"나는 네 편이야."라고 말해 준 사람이 없었는가?
변함없이 당신 곁에 있어 준 사람이 없었는가?

끌어당김과 헤어짐. 이 두 가지 법칙 속에서 살아가는 한 헤어져 마땅한 불안정한 인간관계 속에서 오히려 변함없이 곁에 있어 주는 사람의 존재야말로 기적이 아니고 무엇이겠는가? 그리고 지금 당신은 그 기적을 이미 경험하고 있다.

지금 만일 당신이 누군가와 헤어져 괴롭다면 헤어진 사람에게 쓸 시간을 조금이라도 곁에 있는 사람에게 쓰기를 바란다. 그리고 힘차게 새로운 한 걸음을 떼기 바란다. 그 앞에 당신을 받아 줄 사람들이 반드시 기다리고 있다. 우리는 모두 끌어당김의 법칙 속에서 살아가고 있다.

마지막 장

인생의
가치를
높이는 법

인간관계가 쉬워지는
세 가지 방법＿＿。

　문득 주변을 돌아보니 어느새 밖은 어둑어둑해져 있었다. 가을이 깊어지면 해가 짧아진다. 도쿄는 규슈에 비해 해가 한 시간 가까이 늦게 떨어지기 때문인지 하루의 마지막이 갑자기 찾아온 듯했다. 사실 그렇게 느낀 가장 큰 이유는 스승의 이야기에 너무 빠져들어 시간 가는 줄 몰랐기 때문일 것이다.

"시간이 벌써 이렇게 됐군."
"이렇게 시간을 내주셔서 정말 감사합니다."
"오늘 마지막 비행기로 간다고 했지?"
"네."

마지막 장

공항에서 수속을 마쳐야 하는 시간까지 2시간 30분 정도를 남겨 놓고 있었다. 공항까지 가는 시간을 고려하면 1시간 후에는 출발해야 했다.

　"그렇군. 규슈로 돌아가야지. 그럼 이제 인간관계에 대한 강의도 슬슬 마무리를 지어야겠군. 중요한 것은 거의 다 했네. 마지막으로 '인간관계에서 이것만큼은 기억해 뒀으면 하는 것'으로 마무리를 하겠네."

　"네, 감사합니다."

　"최종적으로 오늘 내가 자네에게 전하고 싶었던 것은 '유한한 시간 속에서 자네는 누구와 살아갈 것인가?'에 대해서라네. 사람을 만나 진정한 의미에서 인연을 이어갈 수 있는 사람은 의외로 많지 않네. 친구도 마찬가지야. 어릴 때 〈친구가 100명 생길까?友達100人できるかな〉라는 노래가 있었는데, 진정한 친구는 100명까지도 필요 없네. 무엇보다 그렇게 생길 수도 없고."

　"인맥은 넓을수록 좋다."

　오늘 아침까지만 해도 나는 아무런 의심 없이 이렇게 믿고 있었다. 하지만 날이 저물 무렵에는 그 생각이 180도 바뀌어 있었다.

"사람은 두 종류가 있다네. 주는 사람과 받는 사람. 자네는 주는 사람이 되었으면 하네. 그것이 자네가 행복해지는 가장 빠른 지름길이 될 걸세."

"주는 사람이요……? 저는 아직 사람들에게 줄 수 있는 게 없습니다."

"꼭 물건이 아니라도 괜찮네. 행동이라도 좋아. 행동은 지금 당장이라도 할 수 있지 않은가?"

"구체적으로 제가 뭘 할 수 있을까요?"

"별것 없네. 세 가지만 기억하게. 첫 번째는 '웃는 얼굴로 대하기', 두 번째는 '상대의 이야기에 흥미를 가지고 귀 기울이기', 그리고 세 번째는 '배려심을 가지고 상대에게 따뜻한 목소리로 말 걸어 주기'라네."

"그렇게만 해도 되나요?"

"이거 생각보다 어려운 일이야."

"이 정도는 할 수 있습니다."

"그거면 되지 않겠나? 이것이야말로 인간관계의 기본 중의 기본이지. 사람은 뭔가 못마땅한 얼굴을 한 사람을 보면 '어? 이 사람, 나 싫어하나?' 하고 신경을 쓰게 되네. 반대로 자연스러운 미소로 대해 주는 사람을 만나면 안심이 되지."

정말 기본적이기는 하다. 하지만 그렇다고 해서 이를 완벽하게 할 수 있는 사람은 많지 않을 것이다.

"그리고 사람은 누구나 자신의 이야기를 하고 싶어 하고 자기를 이해해 주기 바란다네. 상대가 고개를 끄덕이며 자신의 이야기에 귀를 기울여 주기만 해도 사람은 위안을 받지."

입장을 바꿔 생각해 보니 나도 힘들 때나 기쁠 때나 항상 묵묵히 내 이야기를 들어준 사람들 덕분에 많은 위안을 받아 왔다. 과연 나는 잘하고 있을까?

"웃는 얼굴로 고개를 끄덕이며 이야기를 들어주고 따뜻한 말을 걸어 주게. 가능하다면 이걸 모두 한 번에 이어서 하게. 사회적 약자를 향해 웃는 얼굴로 이야기를 들어주고 "수고하셨습니다." "감사합니다."라는 말 한마디만 건네도 상대는 무척 기뻐할 걸세. 이것도 제대로 못 하면서 상대와 좋은 인간관계를 맺으려는 건 어불성설이지. 이것만 할 수 있으면 대부분의 인간관계는 잘 풀릴 걸세. 이 세 가지야말로 자네가 다른 사람에게 줄 수 있는 모든 것의 열쇠라 해도 과언이 아니라네."

마지막 장

주는 힘이 커질수록
돌아오는 힘이 생긴다＿＿。

"잊지 않도록 습관을 들여놓겠습니다. 이것과 관련해서 조금 더 질문을 드려도 될까요?"

"물론이지."

"스승님의 말씀을 듣고 가능한 주는 사람이 돼야겠다고 생각했습니다. 그런데 아무리 퍼 줘도 아무것도 돌아오는 게 없을 때도 있지 않습니까?"

"직접적으로는 그럴 수 있지. 하지만 그럼에도 불구하고 만나는 사람들에게 계속 주길 바라네. 자네 자신을 위해서."

"저를 위해서라고요?"

"그렇다네. 자네를 위해서. 물론 아쉽게도 세상에는

아무리 퍼 줘도 아무것도 보답하지 않는 사람들이 있지. 받기만 하는 사람들 말일세. 그런 사람들은 결국 주변 사람들이 다 떠나게 돼 있네. 그건 그 사람이 깨달을 때까지 계속될 걸세. 그래도 자네는 아무것도 돌아오지 않는다고 해서 주는 걸 포기하지 않았으면 하네. 물론 누군가 자네한테 일방적으로 받기만 한다면 그 사람은 멀리해도 되네."

"그래도 되나요?"

"그렇다네, 줘도 돌아오는 게 없는 사람에게 계속 에너지를 쏟으면 자네가 소모될 테니까. 원래 타인에게 뭔가를 줘서 기쁘게 하는 행위는 자신을 희생하면서까지 하는 게 아니라 즐기면서 하는 거라네. 그리고 만일 돌아오는 게 없다면 **그건 줘도 돌아오는 게 없다기보다 자네가 줘야 할 사람을 잘못 본 것뿐이라네.**"

"그런가요?"

"그렇지. 보통은 다른 사람이 따뜻하게 대해 주면 보답하려는 게 인지상정인데, 아쉽게도 그렇지 않은 사람도 있지. 그래도 항상 타인의 마음을 가볍게 해 주려는 사람은 마치 매일 근육 운동을 하는 사람처럼 자신도 모르는 사이에 'FOR YOU 근육'이 생긴다네."

"FOR YOU 근육이요?"

마지막 장

"그렇다네. 주는 힘이 커진다고 해야 하나? 게다가 내가 주는 것보다 더 많이 돌려주는 사람과 만나면, 주는 힘이 크면 클수록 돌아오는 것도 커진다네. 그리고 계속 주는 사람은 언젠가 반드시 그 배로 돌려주는 사람을 만나게 될 걸세. 그때까지 트레이닝한다고 생각하면 되네."

내 안에서 희망이 샘솟기 시작했다.

결국 주는 사람은
주는 사람을 끌어당긴다____。

"그거 말고도 좋은 점이 더 있네."

"그게 뭔가요?"

"끌어당김의 법칙이 작용하지. 자네처럼 다른 사람에게 주는 걸 좋아하는 사람들이 자네 주변에 몰려들 걸세. 이런 사람들은 마치 숨 쉬듯 자네에게 힘이 되어 줄 걸세. 원래 누가 기뻐하는 걸 좋아하는 사람들이니 말일세."

"퍼 주는 사람이 되면 받으려는 사람들만 꼬이는 게 아니고요?"

"물론 그런 사람들도 꼬이겠지. 하지만 그건 비즈니스 퍼슨 입장에서는 가장 이상적인 상황 아닌가? 고객이 늘어나는 것이니 말일세."

"듣고 보니 그러네요."

"자네가 퍼 주는 사람이 되면 가장 가까이 다가오는 사람은 틀림없이 자네와 같은 생각을 가진 사람, 즉 퍼 주는 사람들일 걸세. 그 사람들은 자네가 다른 사람들에게 퍼 주다 지쳤을 때 "괜찮으니까 일단 지금은 우리한테 맡기고 좀 쉬어."라며 자네를 도와줄 걸세. 평소 주는 데 익숙한 사람들이니 당연히 자네에게도 주려고 하지 않겠나?"

모두 맞는 말이다.

"그러니 퍼 주는 사람이 된다는 것은 인간관계라는 관점에서도 최상의 사이클로 들어가는 걸세. 반대로 'FOR ME'밖에 모르는 사람들한테는 똑같이 FOR ME밖에 모르는 사람들만 몰려들 텐데 이건 위험한 일이야. 막상 필요할 때는 사람들이 쉽게 떠나고, 위기에 처하면 너 나 할 것 없이 나 살려라! 하고 도망칠 게 뻔하기 때문이라네. '여기 있다가는 언제 뺏길지 모른다'고 생각하면 도망치지 가만히 있겠나? 그래서 자네를 위해서라고 말한 걸세."

그렇구나…….

이제 모든 퍼즐이 맞춰졌다.

마지막 장

함께 기뻐할 수 있는
관계를 만들어라＿＿。

"자네는 어떤 사람이 되고 싶은가?"

"다른 사람을 기쁘게 할 수 있는 사람이 되고 싶습니다."

"좋은 생각이야. 하지만 생각해야 할 것이 한 가지 더 있네."

"그게 뭡니까?"

"남을 기쁘게 해 주는 만큼 '스스로도 얼마나 함께 기뻐할 수 있느냐?'일세."

"보통은 어느 한쪽만 가능한 경우가 많죠."

"그럼 안 된다네. 얼마나 함께 기뻐할 수 있고 얼마나 함께 웃을 수 있느냐가 인생에서 매우 중요해. 상대와 나 모두 희생하면 안 되네. 어느 한쪽만 기쁘고 웃을 수 있어서는 인생의 가치는 올라가지 않아. 함께 기뻐할 수 있는 관계야말로 가장 이상적인 인간관계라고 할 수 있지."

상상만으로도 멋진 관계다.

"그러니 자신감을 가지고 지금 자네 가까이에 있는 사람들과 함께 기뻐할 수 있고 감동할 수 있는 시간을 늘려 가게. 이것은 우물을 팔 때와 같은 논리인데, 여기저기 대충 찔끔찔끔 파고 "왜 물이 안 나오지?"라며 금세 포기하고 다른 데로 가서 파면 절대 수맥은 찾을 수 없네."

"만남을 찾아 여기저기 헤매며 다니는 것과 매우 흡사한 상황이군요. 그렇게 생각하니 아깝다는 생각이 드네요."

"그렇지? 어쩌면 조금만 더 파면 수맥을 찾을 수도 있는데 쉽게 포기하고 다른 곳으로 가는 것은 매우 아까운 일이지. 그렇게 하지 말고 한 곳을 깊게 파내려가면 언젠가는 눈에 보이지 않는 땅속에서 전부 하나로 이어진 수맥을 찾게 될 걸세. 그렇게만 되면 우물에서 물이 저절로 끝없이 뿜어져 나오게 될 걸세.”

“이 물을 기쁨으로 해석하면 될까요?”

“그렇다네. 기쁨과 감동이 넘쳐나면 그 물이 자네 주변을 촉촉하게 적셔 줄 걸세. 물이 있으면 주변에 나무와 꽃이 자라고, 물이 넘쳐나면 그 물을 찾아 많은 사람이 몰려들 걸세. 그 수맥은 멀리 있지 않다네. 지금 자네가 서 있는 곳 바로 밑에 있어.”

“네. 지금 여기, 제 눈앞에요.”

“그래. 즐거웠네. 조심해서 가게나.”

“정말 감사합니다.”

스승과 스태프분들에게 인사를 하고 나는 공항으로 향했다.

내가 있어야 할 곳은 멀리 있지 않고 지금 바로 여기에 있다. 해야 할 것은 동경하는 사람이 있는 곳이 아니라 지금 내 눈앞에 있다. 깊이 파고들자. 언젠가 수맥을 찾게 될 때까지. 지금 가까이 있어 주는 소중한 사람들과.

만약 눈앞에 있는 사람과의 시간이 마지막이라면?

우리의 하루는 24시간이다. 오늘이 가면 내일이 반드시 온다는 보장은 없다. 내 목숨도 몇 시간 후면 사라질 가능성이 제로는 아니고, 어쩌면 내일 끝날 가능성도 부정할 수 없을 만큼 우리의 미래는 불확실하다.

우리는 살아가면서 다양한 사람과 만나 시간을 보낸다. 그리고 시간의 한계성은 나뿐만 아니라 지금 눈앞에 있는 사람, 예를 들어 가족이나 집 밖으로 한 발짝만 나서면 만날 수 있는 친구와 연인, 상사와 부하직원, 고객에게도 예외 없이 해당된다. 어쩌면 지금 눈앞에 있는 사람의 인생이 머지않아 끝날 수도 있다.

그때 후회하지 않기 위해서……. 만일 당신이 내일까지밖에 살지 못한다면 당신은 누구와 함께 시간을 보내고 싶은가? 누구에게 고맙다고 할 것인가? 제일 먼저 가족과 연인, 친구들의 얼굴이 떠오를 수도 있고, 집을 나서면 거의 매일 만나는 회사 사람들이 떠오를 수도 있을 것이다. 그도 아니면 반려동물이라도 괜찮다. 그 존재는 아마도 사람마다 다를 것이다.

라틴어로 '메멘토 모리 Memento mori'라는 말이 있다. 직역하면 '자신의 죽음을 기억하라'가 되는데, '죽음을 기억함으로써 생의 에너지가 솟아난다'는 의미이다. 우리는 누구나 죽게 돼 있다. 지금 당신 곁에 있어 주는 사람과도 언젠가는 반드시 헤어질 때가 온다. 죽음을 의식하게 되면 항상 똑같아 보이는 일상도 다른 풍경으로 다가올 것이다. 죽음과 마주했을 때 살아가는 것의 의미가 모습을 드러낼 것이다. 죽음을 떠올리면 항상 자기 주변에 당연한 듯 있어 주는 소중히 해야 할 사람의 존재가 보이기 시작할 것이다. 허세나 화려함은 일단 제쳐 두고 다시 한번 스스로에게 물어보자.

– 진정 소중한 사람은 누구인가?
– 진정 소중한 사람은 웃고 있나?

멀리 있지 않다. 이미 지금 당신 눈앞에 있는 그 사

람들이 당신의 인생을 비약시킬 열쇠를 쥐고 있다. 17년 전 스승에게 들은 말을 빌려 이번에는 내가 당신에게 묻고 싶다.

"당신은 누구와 살아갈 것인가?"

세상에 나오기까지 17년이 걸린 책

2005년, 그 충격적인 가치관의 변화가 있었던 날로부터 17년이 지났다. 그로부터 정확히 1년이 지나 태어난 둘째 아들은 이미 고등학생이 됐고, 2010년에 작가로 본격적인 활동을 시작한 이후 12년이 지났다. 이 책은 나의 서른 번째 책이다. 지금까지 내 책을 읽어 주신 분이나 이런 삶의 방식에 관한 책 전문가들은 이미 눈치챘겠지만, 내 책을 처음 읽는 분들도 있을 것이기 때문에 여기서 밝혀 두고 싶은 것이 있다. 그건 다름 아닌 이 책에서 나에게 많은 것을 가르쳐 준 존재에 대해서다.

"자네는 누구와 살아갈 것인가?"

이 질문을 던진 장본인이자 본문에 등장하는 스승 말이다. 그는 일본의 납세왕이자 비즈니스 분야 베스트셀러 작가로 유명한 사이토 히토리斎藤一人 씨다. 그 존재가 굉장히 크고 많은 사람에게 알려져 있어 선입견 없이 읽어 주기를 바라는 마음에서 굳이 이렇게 마지막에 그의 존재를 밝히는 것을 이해해 주기 바란다.

'언젠가 히토리 스승이 인간관계에 대해 가르쳐 준 그 날의 강의를 기록해야겠다'고 결심한 날로부터 아주 많은 시간이 흘렀다. 물론 그때 배운 말과 가르침은 지금까지 출간한 책 여기저기에 단편적으로 담아 왔다.

히토리 스승과의 대화 형식으로 완성한 책은 2010년에 쓴 《斎藤一人の道は開ける(사이토 히토리의 길은 열린다)》《斎藤一人の人を動かす(사이토 히토리의 사람을 움직이다)》라는 책 이래 12년 만이다. 쓰지 않은 것이 아니라 쓸 수 없었다. 내 스스로 '아직 이걸 쓸 수 있는 사람이 되지 못했다'고 생각했고, 실제로 그 단계까지 오르지 못했기 때문이었다.

그런 생각을 품고 히토리 스승의 수제자이자 나에게는 누나 같은 존재인 시바무라 에미코紫村 惠美子 사장에게 이 내용으로 출간할 타이밍을 기회가 있을 때마다 상의해 왔다.

"정말로 네가 전해야 할 때가 오면 그때는 출판 제의가 올 거야. 그때까지 초조해하지 말고 너는 네 할 일을 하면 돼."

그 말대로 출판 제의가 들어와서 이 책을 기획할 수 있었다. 이 자리를 빌려 17년 동안 변함없이 내 인생의 나침반이 되어 주신 사이토 히토리 스승, 그리고 언제나 따뜻한 조언을 해 준 시바무라 에미코 사장께 진심으로 감사의 마음을 전하고 싶다.

그리고 이렇게 기회를 주신 포레스트출판과의 긴 인연도 이 책을 통해 드디어 하나의 형태로 완성될 수 있었다. 이 책 99페이지에서 나는 아무것도 없던 시절부터 함께해 준 출판사와 꾸준히 책을 내고 있다고 밝혔다. 그런데 이 책은 포레스트출판에서 내는 첫 번째 저서이다. '말이 다르지 않냐'고 할지 모르지만 실은 이런 사연이 있다.

세상에 내 책이 아직 세 권밖에 나오지 않았던 시절 내게 기회를 준 곳이 바로 이 포레스트출판이었다. 원래는 2011년에 포레스트에서 책이 나올 예정이었지만 나의 역량 부족으로 아쉽게도 그 기획은 성사되지 못했다.

그렇게 되면 보통은 출판사와 저자 사이가 소원해지기 마련인데, 포레스트출판의 창업자인 오타 히로시太田 宏 사장은 달랐다. 기회가 있을 때마다 "시게, 한잔하지."라며 편하게 연락해 왔고, 저자로서가 아니라 출판업계 후배로서 업계의 일이나 저자로서의 자세 등에 대해 여러모로 많이 가르쳐 줬다.

그러던 어느 날, 대화 중에 내가 "스승에게 '당신은 누구와 살아갈 것인가?'라는 질문을 받았다."라고 이야기하자, "그거야, 그걸 제목으로 책을 만들자!"라며 오타 사장이 등을 떠밀어 주고 편집장인 모리우에 고타森上 功太 씨를 소개해 주면서 이 기획이 시작됐다.

히토리 스승의 가르침, 시바무라 사장의 "전해야 할 때가 오면"이라는 말, 오타 사장이 준 기회, 그리고 모리우에 편집장의 디렉션으로 탄생한 것이 바로 이 책이다. 이렇게 생각하니 본문에도 여러 번 썼던, '내가 해야 할 바를 똑 부러지게 하고 있으면 반드시 그 타이밍이 온다'는 말이 새삼스럽게 이 글을 쓰는 순간에 내 안에서 커다란 울림을 이루며 하나로 스며든다.

이 책의 기회를 준 오타 히로시 사장, 형태를 갖춰

세상에 내놓은 모리우에 편집장, 그리고 포레스트출판사 여러분들에게 진심으로 감사의 뜻을 전하고 싶다. 그리고 집필을 할 때 항상 호흡을 맞춰 함께 걸어 준 '주식회사 인재육성JAPAN'의 직원들, 나가마쓰 시게히사 출판 팀 멤버들에게도 이 자리를 빌려 전하고 싶다.

"여러분 늘 감사합니다. 앞으로도 잘 부탁드립니다."

마지막으로 이 책을 읽어 주신 여러분께.

앞에서도 썼듯이, 나의 성장이 늦어진 탓에 이 책을 세상에 내놓기까지 17년이라는 세월이 흘렀지만, 충실히 그날의 음성을 대화 형식으로 전하려 고집했던 데는 두 가지 이유가 있다.

히토리 스승의 말은 그 뜻이 깊어 어느 정도 이해가 빠른 사람도 한 번 읽어서는 자기 안에서 바로 소화할 수 있는 것은 아니라고 판단했다. 이 책을 여러 번 읽으면서 그 무렵의 나처럼 히토리 스승으로부터 직접 현장에서 이야기를 듣는 느낌을 여러 번 체험해야 그 말의 진의가 여러분들 속에 스며들 거라 확신한 것이 그 첫 번째 이유다.

또 한 가지 이유는 책을 읽어 주신 여러분들에게 "해답을 주는 책이 아니라 스스로 생각하게 하는 책으로 만들자."라고 모리우에 편집장과 정한 데 있다. 즉 "이렇게 행동합시다."라는 행동 법칙이 아니라 "나는 누구와 살아갈 것인가?"라는 질문을 스스로에게 던지게 하기 위한 책이라는 것이다.

주변 사람들로부터 답을 듣고 끝내는 것이 아니라 앞으로 살아가면서 당신 스스로 그 답을 찾도록 하기 위함이다. 앞으로의 인생에서 만일 당신이 인간관계에서 길을 잃었을 때 하나의 나침반이 되게 하기 위함이다. 이 책이 여러분에게 그런 존재가 될 수 있다면 저자로서 이보다 기쁜 일은 없을 것이다.

내가 스승으로부터 받은 가르침은 방대하다. 그렇기에 이 책도 양이 너무 늘어나 결국 상당한 양을 잘라 내야 했다. 그 잘려 나간 글 중에 이 강의가 있었던 날로부터 5년 후 들은 인간관계에 관한 강의의 속편이 있다. 아쉽지만 지면이 허락하지 않아 본편에 넣을 수 없어 이 책의 독자들을 위한 선물 이벤트로 기획하게 됐다. 책 말미에 있는 QR 코드로 접속하면 그 일부를 읽을 수 있으니 혹시라도 그 내용이 궁금한 분은 읽어 보기를 바란다.

누구와 살아갈 것인가? 그 답은 당신 안에 있다. 아니 당신의 안에만 있다고 해도 좋다.

하루, 아니 1초라도 빨리 당신에게 소중한 존재가 누구인지 알게 되기를

인맥 신화에 휘둘리지 않고 가슴을 활짝 펴고 자신의 길을 갈 수 있기를

그리고 앞으로도 계속 당신과 당신의 소중한 사람이 행복하기를

아자부麻布로 이전해 첫 가을을 맞이한 출판 사무실에서 언제나 흔들림 없이 빛을 발하고 있는 도쿄타워의 빛을 바라보면서.

감사합니다.

2022년 10월 나가마쓰 시게히사

그로부터 5년 후인 2010년 어느 날,
스승이 '매력을 높이는 법'에 대해 말씀해 주셨다.

만약 내일 죽는다면,
당신은 누구와 하루를 보낼 건가요?

초판 1쇄 발행 2024년 3월 20일

지은이 나가마쓰 시계히사
옮긴이 윤지나
펴낸이 박영미
펴낸곳 포르체

책임편집 임혜원
마케팅 정은주
디자인 황규성

출판신고 2020년 7월 20일 제2020-000103호
전화 02-6083-0128 | 팩스 02-6008-0126
이메일 porchetogo@gmail.com
포스트 https://m.post.naver.com/porche_book
인스타그램 www.instagram.com/porche_book

여러분의 소중한 원고를 보내주세요.
porchetogo@gmail.com